GEORGES DUMÉZIL FACE AUX DÉMONS IRANIENS

Collection KUBABA
Série Antiquité XIV

Éric PIRART

GEORGES DUMÉZIL FACE AUX DÉMONS IRANIENS

Association KUBABA, Université de Paris I,
Panthéon - Sorbonne,
12 Place du Panthéon 75231 Paris CEDEX 05

L'Harmattan

La déesse Kubaba de Vladimir Tchernychev
Un jour ailleurs de Jean-Michel Lartigaud

Directeur de publication : Michel Mazoyer
Directeur scientifique : Jorge Pérez Rey

Avec la collaboration artistique
de Jean-Michel Lartigaud et Vladimir Tchernychev

Ce volume a été imprimé par

5-7, rue de l'Ecole polytechnique, 75005 Paris

http://www.librairieharmattan.com
diffusion.harmattan@wanadoo.fr
harmattan1@wanadoo.fr

ISBN : 978-2-296-04646-7
EAN : 9782296046467

Bibliothèque Kubaba (sélection)
http://kubaba.univ-paris1.fr/

Cahiers Kubaba
Barbares et civilisés dans l'Antiquité
Monstres et Monstruosités
Histoires de monstres à l'époque moderne et contemporaine

Collection Kubaba
Série Antiquité
Histoire politique d'Ugarit, Jacques Freu
L'Aphrodite iranienne, Eric Pirart
Des origines à la fin de l'Ancien Royaume Hittite. Les Hittites et leur histoire (vol. 1), Jacques Freu et Michel Mazoyer. En collaboration avec Isabelle Klock-Fontanille

Série Monde moderne, Monde contemporain
L'enseignement de l'Histoire en Russie, Annie Tchernychev
Le Lys, Poème marial islandais, Eysteinn Ásgrímsson, présentation et traduction de Patrick Guelpa

Série Grammaire et linguistique
A l'origine du signe : le latin signum, Stéphane Dorothée

Série Actes
Alchimies, Occident-Orient, éd. Claire Kappler et Suzanne Thiolier-Méjean, Actes du Colloque tenu en Sorbonne les 13, 14 et 15 décembre 2001, Publiés avec le concours de l'UMR 8092 (CNRS-Paris-Sorbonne)
L'homme et la nature. Histoire d'une colonisation. Actes du colloque international de Paris, décembre 2004.

Série Eclectique
Sueurs ocres, Elie Lobermann
Il faut reconstruire Carthage, Patrick Voisin

Du même auteur

Les textes vieil-avestiques, 3 volumes, Reichert, Wiesbaden, 1988-1990-1991 [en collaboration avec Jean Kellens].

Kayân Yasn (Yasht 19.9-96). L'origine avestique des dynasties mythiques d'Iran (Aula Orientalis-Supplementa, 2), Ausa, Sabadell, 1992.

Les Nāsatya, deux volumes parus (Bibliothèque de la Faculté de Philosophie et Lettres de l'Université de Liège, fascicules 261 et 280), Droz, Genève, 1995 et 2000.

L'éloge mazdéen de l'ivresse. Édition, traduction et commentaire du Hōm Stōd (Collection Kubaba. Série Antiquité, 4), L'Harmattan, Paris, 2004.

Guerriers d'Iran. Traduction annotée des textes avestiques du culte zoroastrien rendu aux dieux Tištriya, Miθra et Vr̥θragna (Collection Kubaba. Série Antiquité, 8), L'Harmattan, Paris, 2006.

L'Aphrodite iranienne. Étude de la déesse Ārti, traduction annotée et édition critique des textes avestiques la concernant (Collection Kubaba. Série Antiquité, 10), L'Harmattan, Paris, 2006.

SOMMAIRE

AVERTISSEMENTS

Les translittérations figurent en italiques et leurs interprétations en romains soulignés, sauf pour les mots que je conserve dans les traductions.

Les systèmes phonologiques utilisés sont les suivants : proto-indo-européen (ie.) *e *ē *o *ō *k *g *gh *$k^{u̯}$ *$g^{u̯}$ *$g^{u̯}h$ *k^{s} *g^{s} *$g^{s}h$ *$k^{u̯s}$ *$g^{u̯s}$ *$g^{u̯s}h$ *k̂ *ĝ *ĝh *$\hat{k}^{s}$ *$\hat{g}^{s}$ *$\hat{g}^{s}h$ *t *d *dh *n *p *b *bh *m *H_1 *H_2 *H_3 *i̯ *r *l *u̯ *s; proto-indo-iranien (ii.) *a *ā *i *ī *u *ū *r̥ *r̥̄ *ai *āi *au *āu *k *kh *g *gh *c *j *jh *t *th *d *dh *n *p *ph *b *bh *m *H *i̯ *r *u̯ *s *ś *ź *źh *š *ž; vieil iranien avestique (langue orginale [lo.]) ou vieux-perse (vp.) a ā i ī u ū r̥ r̥̄ ai āi au āu k x g c j t θ d n p f b m H y r l v s z š ž h. Le système de translittération de l'avestique est le suivant — je ne fais pas usage du signe ń — : a ā ə/ə̄ o/ō å̄ ą i/ī u/ū k x g/γ c j t/t̰ θ d/δ p f b/β ŋ/ŋ́/ŋᵛ n/ṇ m/m̨ y/ý/ii v/uu r s z š/ś/ṣ̌ ž h x́ xᵛ.

Les textes sont divisés en paragraphes en accord avec les éditions par rapport auxquelles les corrections sont apportées, mais j'introduis çà et là des subdivisions de mon cru. Les divisions en lignes, parfois signalées au moyen du signe ᵛ, n'impliquent pas que le texte soit nécessairement métrique.

Dans les traductions, les parenthèses entourent les mots que j'ajoute pour la compréhension ou parce qu'ils sont à sous-entendre. Les crochets droits [ ] entourent les mots interpolés ; les crochets obliques < >, les mots qu'il convient de restituer ; les accolades { }, ceux qui, dans les textes pehlevis, constituent une glose ou un commentaire.

Les signes - et + analysent respectivement le sandhi interne et le sandhi compositionnel. Les signes *, ⁺, ˣ et †, placés devant un mot ou autour d'une séquence, avertissent respectivement de leur caractère théorique, de leur correction faite avec l'aide des manuscrits, de leur correction faite sans telle aide ou de leur caractère désespéré.

Pour l'explicitation des sigles des manuscrits, le lecteur se reportera aux éditions des textes concernés.

Dans les livres pehlevis, les théonymes avestiques et certaines de leurs épithètes, le plus souvent, ne sont pas traduits : les caractères pehlevis ne font que reproduire les formes avestiques, mais en opérant généralement l'ablation des finales, ce que j'indique au moyen du signe d'amputation °.

SIGLES

Manuscrits

B : voir Dresden 1966.
BK : voir Gignoux & Tafazzoli 1993 : 25.
D90 = Mf4.
DH : voir Khanlari 1971.
DM = B.
H6 : voir Piras 2000.
K5 : voir Barr 1937-1939.
K20 : voir Christensen 1931 et Piras 2000.
K20b : voir Christensen 1931.
K35 : voir Christensen 1934a, 1934b.
K43a : voir Christensen 1936a.
K43b : voir Christensen 1936b.
Mf4 : voir JamaspAsa & Nawabi 1976.
MR : voir Auteurs.
TD : voir Jaafari-Dehaghi 1998.
TD1 : voir Khanlari 1970.
TD2 : voir JamaspAsa & alii 1978.

Textes

AVN = Ardā Vīrāz Nāmag (livre pehlevi).
AVP = *Paippalādasaṁhitā* (*Atharvaveda*).
AVŚ = *Śaunakasaṁhitā* (*Atharvaveda*).
BĀUK = *Bṛhadāraṇyakopaniṣad* des *Kāṇva* (*Śuklayajurveda*).
ChāndUp = *Chāndogyopaniṣad* (*Sāmaveda*).
DD = Dādestān ī Dēnīg (livre pehlevi).
Dk = Dēnkard (livre pehlevi).
EM = Lettres de Manuščihr ī Gušnjamān (livre pehlevi).
H = fragments avestiques du Hādōxt Nask.
HGS = *Hiraṇyakeśigṛhyasūtra* (*Kṛṣṇayajurveda*).
KauṣB = *Kauṣītakibrāhmaṇa* (*Ṛgveda*).
KS = *Kāṭhakasaṁhitā* (*Kṛṣṇayajurveda*).
MBh = *Mahābhārata* (édition critique).
MS = *Maitrāyaṇīyasaṁhitā* (*Kṛṣṇayajurveda*).
MX = Dādestān ī Mēnōy Xrad (livre pehlevi).

Nir = *Nirukta* de *Yāska*.

RLB = Recueil avestique des liturgies brèves.

RLL = Récitatif avestique de la liturgie longue.

RPDD = Rivāyat pehlevie accompagnant le Dādestān ī Dēnīg (livre pehlevi).

RS = *Śākalasaṁhitā* (*R̥gveda*).

S = Sīh-rōzag (RLB).

ŚāṅkhŚS = *Śāṅkhāyanaśrautasūtra* (*R̥gveda*).

ŚBK = *Śatapathabrāhmaṇa* des *Kāṇva* (*Śuklayajurveda*).

ŚBM = *Śatapathabrāhmaṇa* des *Mādhyandina* (*Śuklayajurveda*).

ŠnŠ = Daftar ī šāyistan ud nē šāyistan (livre pehlevi).

TS = *Taittirīyasaṁhitā* (*Kr̥ṣṇayajurveda*).

V = Vidēvdād (RLL).

Vr = Visprad (RLL).

VSM = *Vājasaneyisaṁhitā* des *Mādhyandina* (*Śuklayajurveda*).

VZ = Vizīdagīhā ī Zādsparam (livre pehlevi).

Y = *Yasna* (RLL).

Yt = Yašt (RLB).

ZA = Zand-āgāhīh (livre pehlevi).

ZVY = Zand ī Vahman Yasn (livre pehlevi).

Périodiques

AI = Acta Iranica, Leiden.

Archeolingua, Budapest.

Aula Orientalis, Sabadell (Barcelona).

BAEO = Boletín de la Asociación Española de Orientalistas, Madrid.

EW = East and West, Roma.

IIJ = Indo-Iranian Journal, Dordrecht.

JA = Journal Asiatique, Paris.

JAOS = Journal of the American Oriental Society, New Haven.

Ollodagos, Bruxelles.

Orientalia Suecana, Stockholm.

Auteurs

AT = Amouzgar & Tafazzoli 2000.
Bh = Bharucha 1906, 1910, 1912.
Bha = Bhattacharya 1997.
BTA = B. T. Anklesaria 1956.
GT = Gignoux & Tafazzoli 1993.
Hi = Hintze 1994.
HI = Humbach & Ichaporia 1998.
JD = Jaafari-Dehaghi 1998.
L = Lubotsky 2002.
Md = Madan 1911.
MR = Meherji Rana (voir Dresden 1966).
Ny = Nyberg, JA 1929, 207-229.
Sj = Sanjana 1874-1928.
Wh = Whitney 1905.
Z = Zehnder 1999.

RÉFÉRENCES BIBLIOGRAPHIQUES

ACHARYA, K. Ch.,

1972. *Some Observations on the Kashmirian Atharva-veda, Book Two*, Cuttack.

AMOUZGAR, J., & TAFAZZOLI, A.,

2000 [AT]. *Le cinquième livre du Dēnkard*, Paris.

ANKLESARIA, B. T.,

1949. *Pahlavi Vendidâd (Zand=î Jvîṯ-dêv=dâṯ). Transliteration and translation in english*, Bombay.

1956 [BTA]. *Zand-Ākāsīh. Iranian or Greater Bundahišn. Transliteration and translation in English*, Bombay.

ANKLESARIA, T. D.,

1913. *Dânâk-u Mainyô-i Khrad. Pahlavi, Pazand, and Sanskrit Texts*, Bombay.

s. d. *Dadistan-i Dînîk, Part I, Pursišn I-XL*, Bombay.

ARBMAN, E.,

1922. *Rudra, Untersuchungen zum altindischen Glauben und Kultus*, Uppsala.

BAILEY, H. W.,

1979. *Dictionary of Khotan Saka*, Cambridge.

BARR, K.
1937-1939. *The Avesta Codex K5 containing the Yasna with its Pahlavi Translation and Commentary. Published in facsimile by the University Library of Copenhagen with an Introduction*, 3 vol., Copenhagen, 1937-1938-1939.
BARTHOLOMAE, Chr.,
1904. *Altiranisches Wörterbuch*, Strassburg.
BASSOLS DE CLIMENT, M.,
1962. *Fonética latina. Con un apéndice sobre fonemática latina* por Sebastián Mariner Bigorra, Madrid.
BHARUCHA, Sh. D. [Bh],
1906. *Collected Sanskrit Writings of the Parsis. Consisting of Old Translations of Avestâ and Pahlavi-Pâzend books as well as other original compositions, with various readings and notes. Collected, Corrected and Edited. Part I: Khordâ-Avestâ-Arthah*, Bombay.
1910. *Collected Sanskrit .... Part II: Ijisni (Yasna)*, Bombay.
1912. *Collected Sanskrit .... Part III: Mainyôi Khard*, Bombay.
BHATTACHARYA, Dipak,
1997 [Bha]. *The Paippalāda-Saṁhitā of the Atharvaveda. Critically edited from palmleaf manuscripts in the Oriya script discovered by Durgamohan Bhattacharyya and one Śāradā manuscript. Volume One: Consisting of the first fifteen Kāṇḍas*, Calcutta.
BHATTACHARYA, Durgamohan,
1970. *Paippalāda Saṁhitā of the Atharvaveda. Volume Two*, Calcutta.
BLOOMFIELD, M.,
1906. *A Vedic Concordance*, Cambridge (MA).
CERETI, C. G.,
1995. *The Zand ī Wahman Yasn. A Zoroastrian Apocalypse*, Roma.
CHAKRAVARTY, U.,
1997. *Indra and Other Vedic Deities. A Euhemeristic Study*, New Delhi.
CHERNYKH, P. IA. (ЧЕРНЫХ, П. Я.),
1993. ИСТОРИКО-ЭТИМОЛОГИЧЕСКИЙ СЛОВАРЬ СОВРЕМЕННОГО РУССКОГО ЯЗЫКА, 2 vol., Moskva.
CHRISTENSEN, A.,

1931. *The Pahlavi Codices K20 & K20b, containing Ardāgh Vīrāz-Nāmagh, Bundahishn etc. Published in facsimile by The University Library of Copenhagen with an Introduction*, Copenhagen.
1934a. *The Pahlavi Codex K35. First Part, containing the Pahlavi Rivāyat I, Dādhastān ē Dēnīgh and the Pahlavi Rivāyat II. Published in facsimile ... with an Introduction*, Copenhagen.
1934b. *The Pahlavi Codex K35. Second Part, containing the Epistles of Manushchihr and the Selections of Zādh-sparam. Published in facsimile ... with an Introduction*, Copenhagen.
1936a. *The Pahlavi Codex K43. First Part, containing a fragment of the Great Bundahishn, the Dādhastān ī Mēnōghēkhradh, some parts of the Dēnkard, and the Vahman Yasht. Published in facsimile ... with an Introduction*, Copenhagen.
1936b. *The Pahlavi Codex K43. Second Part, containing some parts of the Dēnkard and two small fragments of a Pahlavi Treatise and of an Avesta Text. Published in facsimile ... with an Introduction*, Copenhagen.

COUTAU-BÉGARIE, H.,
1992. *Georges DUMÉZIL : Mythes et dieux des indo-européens. Textes réunis et présentés*, Paris.

DARMESTETER, J.,
1892-1893. *Le Zend-Avesta. Traduction nouvelle avec commentaire historique et philologique*, 3 vol., Paris, 1892-1892-1893.

DEBRUNNER, A.,
1954. *Die Nominalsuffixe* (in Jacob Wackernagel, *Altindische Grammatik*, Band II,2), Göttingen.

DEEG, M.,
1995. *Die altindische Etymologie nach dem Verständnis Yāska's und seiner Vorgänger. Eine Untersuchung über ihre Praktiken, ihre literarische Verbreitung und ihr Verhältnis zur dichterischen Gestältung und Sprachmagie*, Dettelbach.

DE MENASCE, J.,
1973. *Le troisième livre du Dēnkart. Traduit du pehlevi*, Paris.

DRESDEN, M. J.,
1966. *Dēnkart. A Pahlavi Text. Facsimile edition of the manuscript B of the K. R. Cama Oriental Institute Bombay*, Wiesbaden.

DUMÉZIL, G.,

1945. *Naissance d'Archanges (Jupiter Mars Quirinus, III). Essai sur la formation de la théologie zoroastrienne*, Paris, [6]1945.
1952. *Les dieux des Indo-Européens*, Paris.
1958. *L'idéologie tripartite des Indo-Européens*, Bruxelles.
1968-1973, *Mythe et Épopée*, 3 volumes, Paris, 1968-1971-1973.
1977. *Les dieux souverains des Indo-Européens*, Paris.
1978. *Romans de Scythie et d'alentour*, Paris.
1982. *Apollon sonore et autres essais. Vingt-cinq esquisses de mythologie*, Paris.
1985. *Heur et malheur du guerrier. Aspects mythiques de la fonction guerrière chez les Indo-Européens*, 2e édition, remaniée, Paris.
1986. *Loki*, nouvelle édition, refondue, Paris.
1994. *Le roman des jumeaux et autres essais. Vingt-cinq esquisses de mythologie (76-100)* publiées par Joël H. Grisward, Paris.

EGGELING, J.,
1882-1900. *The Śatapatha-Brāhmaṇa according to the Text of the Mādhyandina School translated*, 5 vol., Oxford, 1882-1885-1894-1885-1900.

FREU, J.,
2003. *Histoire du Mitanni*, Paris.

GANDHI, Dh. N.,
1877. *Dhāturūpakośa*, Ratnagiri.

GARCÍA QUINTELA, M. V.,
2001. *Dumézil. Une Introduction*, Crozon.

GELDNER, K. F.,
1886-1895 [G]. *Avesta, die heiligen Bücher der Parsen*, 3 vol., Stuttgart, 1886-1889-1895.
1895. *Avesta, die heiligen Bücher der Parsen. Prolegomena*, Stuttgart.

GIGNOUX, Ph., & TAFAZZOLI, A.,
1993 [GT]. *Anthologie de Zādspram. Édition critique du texte pehlevi traduit et commenté*, Paris.

GÜNTERT, H.,
1923. *Der arische Weltkönig and Heiland. Bedeutungs-geschichtliche Untersuchungen zur indo-iranischen Religionsgeschichte und Altertumskunde*, Halle an der Saale.

HINTZE, A.,
1994. *Der Zamyād-Yašt. Edition, Übersetzung, Kommentar*, Wiesbaden.

HOFFMANN, K., & NARTEN, J.,
1989. *Der Sasanidische Archetypus*, Wiesbaden.
HUMBACH, H.,
1959. *Die Gathas des Zarathustra*, 2 vol., Heidelberg.
HUMBACH, H., & ICHAPORIA, P. R.,
1998. *Zamyād Yasht. Yasht 19 of the Younger Avesta. Text, Translation, Commentary*, Wiesbaden.
JAAFARI-DEHAGHI, M.,
1998 [JD]. *Dādestān ī Dēnīg. Part I: Transcription, translation and commentary*, Paris.
JAMASP, H.,
1907. with the assistance of M. M. Gandevia, *Vendidâd. Avesta text with Pahlavi translation and commentary, and glossarial index. Vol. I—The Texts*, Bombay.
JAMASPASA, Kh. M., & NAWABI, M.,
1976. with the technical nassistance of M. Tavousi & B. Faravashi, *Manuscript D90 : Yasnā with its Pahlavi Translation*, 2 vol., Shiraz.
JAMASPASA, Kh. M., NAWABI, Y. M., & TAVOUSI, M.,
1978. *MS. TD2. Iranian Bundahišn & Rivāyat-i Ēmēt-i Ašavahištān. etc. Part 1*, Shiraz.
JUSTI, F.,
1868. *Der Bundehesh zum ersten Male herausgegeben, transcribirt, übersetzt und mit Glossar versehen*, Leipzig.
KEITH, A. B.,
1914. *The Veda of the Black Yajus School entitled Taittiriya Sanhita*, 2 vol., Cambridge (MA).
KELLENS, J.,
1974. *Les noms-racines de l'Avesta*, Wiesbaden.
1984. *Le verbe avestique*, Wiesbaden.
1988. «Yima et la mort», in Mohammad Ali Jazayery & Werner Winter (edd.), *Languages and Cultures in Honor of Edgar C. Polomé*, Berlin - New York - Amsterdam, 329-334.
1994. *Le panthéon de l'Avesta ancien*, Wiesbaden.
2006a. *La Quatrième Naissance de Zarathushtra*, Paris.
2006b. *Le* Ratauuō vīspe mazišta *(Yasna 1.1 à 7.23, avec Visprad 1 et 2)* (Études avestiques et mazdéennes vol. 1), Paris.
KELLENS, J., & PIRART, É.,

1988-1991. *Les textes vieil-avestiques*, Wiesbaden, 1988-1990-1991.

KHANLARI, P. N.,

1970. *The Bondahesh. Being a Facsimile Edition of the Manuscript TD$_1$*, Teheran.

1971. *The Codex DH. Being a Facsimile Edition of Bondahesh, Zand-e Vohuman Yasht, and Parts of Denkard*, Teheran.

KUIPER, F. B. J.,

1979. *Varuṇa and Vidūṣaka*, Amsterdam.

LEGRAND, Ph.-E.,

1932. *Hérodote : Histoires. Livre I : Clio. Texte établi et traduit*, Paris, [1]1932, [7]1995.

1949. *Hérodote : Histoires. Livre IV : Melpomène. Texte établi et traduit*, Paris.

LUBOTSKY, A.,

2002 [L]. *Atharvaveda-Paippalāda Kāṇḍa Five. Text, translation, commentary*, Cambridge (MA).

MACKENZIE, D. N.,

1971. *A Concise Pahlavi Dictionary*, London.

MADAN, Dh. M.,

1911 [Md]. *The complete Text of the Pahlavi Dinkard*, 2 vol., Bombay.

MAYRHOFER, M.,

1956-1980. *Kurzgefaßtes etymologisches Wörterbuch des Altindischen*, 4 vol., Heidelberg, 1956-1963-1976-1980.

1992-2001. *Etymologisches Wörterbuch des Altindoarischen*, 3 vol., Heidelberg, 1992-1996-2001.

2006. *Einiges zu den Skythen, ihrer Sprache, ihrem Nachleben*, Wien.

MOHL, J.,

1838-1878. *Le Livre des Rois par Abou'lkasim Firdousi*, 7 vol., Paris, 1838-1842-1846-1855-1866-1868-1878.

MOLÉ, M.,

1967. *La légende de Zoroastre selon les textes pehlevis*, Paris.

MUIR, J.,

1852-1872. *Original Sanskrit Texts on the Origin and History of the People of India, their Religion and Institutions. Collected, translated into English, and illustrated by remarks*, 5 vol., London, 1852([2]1868)-1860-1861-1863-1872.

NARTEN, J.,

1982. *Die Aməša Spəṇtas im Avesta*, Wiesbaden.
1986. *Der Yasna Haptaŋhāiti*, Wiesbaden.
NYBERG, H. S.,
1964-1974. *A Manual of Pahlavi, Part I: Texts; Part II: Glossary*, Wiesbaden.
OBERLIES, Th.,
1998. *Die Religion des R̥gveda. Erster Teil — Das religiöse System des R̥gveda —*, Wien.
OLDENBERG, H.,
1886-1892. *The Grihya-Sûtras, rules of Vedic domestic ceremonies, translated*, 2 vol., Oxford.
PANAINO, A.,
2004. *Rite, parole et pensée dans l'Avesta ancien et récent*, Wien.
PAVRY, J. C.,
1926. *The Zoroastrian Doctrine of a future Life, from death to the individual judgement*, New York.
PIRART, É.,
1995. «Notes de morphologie daivique», in Bert G. Fragner & alii (edd.), *Proceedings of the Second European Conference of Iranian Studies held in Bamberg, 30th September to 4th October 1991, by the Societas Iranologica Europaea*, Roma, 551-559.
1995-2000. *Les Nāsatya*, 2 vol., Genève, 1995-2000 [2001].
2003a. «Le gendre de Tvaṣṭr̥ et la conception indo-iranienne du temps», in V. Pirenne-Delforge & Ö. Tunca (edd.), *Représentations du temps dans les religions*, Genève, 143-173.
2003b. «Énigmes arithmologiques dans la composition du *Hōm Stōm*», in Carlo G. Cereti, Mauro Maggi & Elio Provasi (edd.), *Religious themes and texts of pre-Islamic Iran and Central Asia. Studies in honour of Professor Gherardo Gnoli on the occasion of his 65th birthday on 6th December 2002*, Wiesbaden, 289-294.
2004. *L'éloge mazdéen de l'ivresse. Édition, traduction et commentaire du Hōm Stōd*, Paris.
2006a. *Guerriers d'Iran. Traductions annotées des textes avestiques du culte zoroastrien rendu aux dieux Tištriya, Miθra et Vr̥θragna*, Paris.

2006b. *L'Aphrodite iranienne. Étude de la déesse Ārti, traduction annotée et édition critique des textes avestiques la concernant*, Paris.

PIRAS, A.,

2000. *Hādōxt Nask 2. Il racconto zoroastriano della sorte dell'anima. Edizione critica del testo avestico e pahlavi, traduzione e commento*, Roma.

RANA, Meherji : voir Dresden 1966.

RENOU, L.,

1955-1969. *Études védiques et pāṇinéennes*, 17 vol., Paris, 1955- 1956- 1957- 1958- 1959- 1960- 1960- 1961- 1961- 1962- 1963- 1964- 1964- 1965- 1966- 1967- 1969.

1956. *Hymnes spéculatifs du Véda*, Paris.

ROLAND, P.,

1971. *Un rituel domestique védique. Le Vārāhagr̥hyasūtra, traduit et annoté*, Paris.

ROTH, R.,

1852. *Jāska's Nirukta sammt den Nighaṇṭavas herausgegeben und erläutert*, Göttingen.

ROTH, R., & WHITNEY, W. D.,

1856. *Atharva Veda Sanhita. Erster Band : Text*, Berlin.

RUIPÉREZ, M. S.,

2006. *El mito de Edipo. Lingüística, psicoanálisis y folklore*, Madrid.

SANJANA, P. B. & P. D.,

1874-1928 [Sj]. *Dinkard*, 19 vol., Bombay - London, 1874- 1876- 1881- 1883- 1888- 1891- 1894- 1897- 1900- 1907- 1910- 1911- 1912- 1915- 1916- 1917- 1922- 1926- 1928.

SARMA, E. R. S.,

1968. *Kauṣītaki-Brāhmaṇa. 1. Text*, Wiesbaden.

SARUP, L.,

1920-1927. *The Nighaṇṭu and the Nirukta. The Oldest Indian Treatise on Etymology, Philology and Semantics. Critically Edited from Original Manuscripts and Translated for the first time in English, with Introduction, Exegetical and Critical Notes, Indexes and Appendices*, 3 Parts, Delhi.

SPIEGEL, F.,

1861. *Neriosengh's Sanskrit-Uebersetzung des Yaçna, herausgegeben und erlaeutert*, Leipzig.

SUNJANA = Sanjana.
TAVADIA, J. C.,
1930. *Šāyast-nē-šāyast. A Pahlavi Text on Religious Customs, edited, transliterated and translated with Introduction and Notes*, Hamburg.
VARENNE, J.,
1967. *Le Veda, premier livre sacré de l'Inde*, 2 vol., Verviers.
VASMER, M. (ФАСМЕР, М.),
1986-1987. ЭТИМОЛОГИЧЕСКИЙ СЛОВАРЬ РУССКОГО ЯЗЫКА, 4 vol., Moskva, 1986-1986-1987-1987.
WEIDNER, E. F.,
1923. *Politische Dokumente aus Kleinasien. Die Staatsverträge in akkadischer Sprache aus dem Archiv von Boghazköi*, Leipzig.
WEST, E. W.,
1880-1897. *Pahlavi Texts*, 5 vol., Oxford, 1880-1882-1885-1892-1897.
1871. *The Book of the Mainyo-i-Khard. The Pazand and Sanskrit Texts as arranged by Neriosengh Dhaval, in the fifteenth century. With an English Translation, A Glossary of the Pazand Text, containing the Sanskrit, Persian and Pahlavi equivalents, A Sketch of Pazand Grammar, and an Introduction*, Stuttgart - London.
WHITNEY, W. D.,
1905 [Wh]. *Atharva Veda Saṁhitā. Translated into English with critical and exegetical commentary*, Revised and Edited by Charles Rockwell Lanman, 2 vol., Cambridge (MA).
WILLIAMS, A. V.,
1990. *The Pahlavi Rivāyat Accompanying the Dādestān ī Dēnīg*, 2 vol., Copenhagen.
ZEHNDER, Th.,
1999 [Z]. *Atharvaveda-Paippalāda Buch 2. Text, Übersetzung, Kommentar*, Idstein.

INTRODUCTION

L'identification exacte des démons iraniens qui, en plus de leur titre catégoriel de Daiva, portent individuellement un même nom que des dieux indiens (védique *devá-*) n'a jamais été entreprise alors même que pareille homonymie a suscité de nombreux débats : comment des démons iraniens peuvent-ils porter le nom de dieux indiens ? La religion védique est-elle ainsi attaquée[1] ? Autre idée : sont-ils d'anciens dieux iraniens, similaires aux indiens, que la réflexion zoroastrienne aurait condamnés ? Devons-nous penser que l'Iran aurait connu une profonde réforme de son système religieux ? Georges Dumézil a poussé fort loin l'idée que l'Iran aurait connu pareille réforme puisque les démons n'y seraient pas les seuls héritiers de dieux plus anciens : les dieux eux-mêmes seraient eux aussi le reflet ou la réfection de certains dieux préhistoriques. Ses travaux ont dès lors consisté à les reconnaître sous les nouveaux vêtements démoniaques ou divins que la réforme leur aurait fait endosser.

L'exposé des idées duméziliennes recourt à des tableaux permettant de visualiser aisément les correspondances que les nouveaux dieux et démons iraniens devraient montrer avec des dieux védiques. Je vais donc m'attacher à l'analyse et à la critique de ces tableaux que nous rencontrons si souvent dans l'œuvre de Georges Dumézil depuis les premiers livres jusqu'aux derniers ou posthumes et qui nous présentent une répartition des dieux et démons d'Iran et d'Inde en accord avec sa théorie des trois fonctions[2] et, plus spécifiquement, les

[1] Sur les théories ou scénarios imaginés sans jamais aucun support textuel, voir Kellens 1994 : 11 sqq. ; 2006a : 27 sqq.

[2] Principalement Dumézil 1952 : 8-9, 26, 34, 90 ; 1968-1973 : II 88 ; III 286, 288 ; 1977 : 182 ; 1985 : 168 ; 1994 : 60, 72 ; voir aussi Coutau-Bégarie 1992 : 114, 115, 153, 169, 184 ; García Quintela 2001 : 40.

tableaux ou schémas dans lesquels les fameux démons iraniens homonymes de dieux védiques apparaissent[3].

La critique, en un premier temps et en bonne part, loin d'une lecture fine des textes iraniens, portera sur des aspects généraux (chapitre 1). Ensuite nous confronterons les données duméziliennes déjà sommairement critiquées avec ce que nous disent les textes iraniens mazdéens zoroastriens de toutes époques, vieil-avestiques ou archaïques, avestiques récents, pehlevis (chapitres 2 et 3).

La question aussi fondamentale que controversée ou aiguë de l'origine des démons iraniens ne cesse d'animer ou d'envenimer les débats des historiens des religions de l'Iran, mais, si je prétends apporter de nouveaux éléments (surtout avec le chapitre 4), il n'est pas sûr que cette nouvelle analyse critique et philologique, qui se veut exhaustive[4], permette d'apaiser les esprits.

---

[3] Principalement Dumézil 1952 : 16, 21 ; 1958 : 41 ; 1977 : 42, 50 ; voir aussi Coutau-Bégarie 1992 : 127, 131 ; García Quintela 2001 : 77.

[4] L'exhaustivité menant à la lourdeur, j'ai préféré rejeter les données moins importantes dans une série d'Appendices.

1

LES TABLEAUX DUMÉZILIENS

1.1. Le traité de *Hattuša* et le *Vāksūkta*

Avant de nous pencher sur la question des Daiva, nous avons à examiner quelques données que Georges Dumézil prit souvent comme points de départ de ses exposés.

Dumézil fit grand cas[5] du traité de *Hattuša* à reconnaître dans la liste divine proto-indienne qu'il contient la manifestation de ce qui devrait être vu comme un panthéon indien archaïque canonique minimal. En voici le tableau avec orthographe védique des théonymes :

I	***Mitra-Varuṇa*** comme dvandva
II	***Indra***
III	les deux ***Nāsatya***
F[6]	[***Sarasvatī***][7]

Pareille liste, de façon exacte — insistons-y —, n'est attestée nulle part dans les textes védiques, soit qu'un élément

---

[5] Notamment 1945 : 15 sqq. ; 1958 : 36 sqq. ; 1968-1973 : I 49, 57 ; 1977 : 24 sqq. ; 1994 : 81.

[6] Par le symbole F, je signifie la figure féminine qui, dans les tableaux de Dumézil, reçoit généralement le nom de «trivalente».

[7] Son nom n'y est pas donné phonétiquement, mais au moyen d'un idéogramme (voir Weidner 1923 : 32). Dumézil a passé sous silence la présence de cette déesse (voir Freu 2003 : 163) ou n'y a pas accordé d'importance sans que nous sachions pourquoi. En plus de la question de la présence de *Sarasvatī*, il faut, pour que tout soit dit, mentionner l'incertitude qui entoure le nom que le traité de *Hattuša* donne à *Varuṇa*, car sa graphie y fluctue entre *aruna-* et *uruvana-* sans que nous puissions le justifier. L'étymologie du théonyme reste d'ailleurs inconnue ou incertaine (voir Mayrhofer 1992-2001 : II 515 sq.).

fasse défaut, soit qu'il y en ait un de trop. Dès lors, son caractère canonique ne peut être affirmé facilement : comment cette liste pourrait-elle l'être à fluctuer autant ? En l'affirmant un peu rapidement ou excessivement, Dumézil a voulu mettre en évidence que sa structure était fondamentale. Disons que ce serait bien plus la structure que la liste elle-même qui serait canonique. Si nous faisons donc abstraction des détails, il est effectivement possible de trouver des listes sinon identiques, du moins similaires dans le *Veda*, notamment dans la *Ṛgveda-saṁhitā* (RS). La structure serait celle des trois fonctions avec *Mitra-Varuṇa*, *Indra* et les *Nāsatya* comme représentants respectifs des fonctions sacerdotale, guerrière et productive.

Cependant, il convient de souligner que la liste mitannienne est pourvue d'un contexte, celui d'un traité politique, lequel avait pu imposer à ses rédacteurs la sélection de certains dieux. Il est bien évidemment impossible de répondre à la question : les innombrables dieux, de toutes origines, parmi lesquels nous trouvons sans balises le petit groupe proto-indien qui retient notre attention, y sont mentionnés comme garants d'un traité dont les clauses sont multiples, notamment militaires et matrimoniales. Comment donc appréhender ce petit groupe ou connaître son statut ? Le contenu du document, unique, isolé, dépourvu de commentaire, pour ce qui est de cette liste proto-indienne, ne peut donc être contrasté. Pourquoi les rédacteurs ne mentionnèrent-ils que *Mitra-Varuṇa*, *Indra*, les *Nāsatya* et *Sarasvatī* ? Où sont les autres dieux, à commencer par *Agni* ?

Trait curieux de la structure de la liste mitannienne, l'emploi des nombres grammaticaux, que Dumézil n'a pas relevé, paraît obéir à un schéma duel + singulier + duel + singulier. Ce schéma pourrait avoir pour but de souligner le caractère «unique» que l'on attribuait à *Indra* et à *Sarasvatī* : d'une part, la RS insiste souvent sur le fait qu'*Indra* agit seul[8] et, d'autre part, la déesse est l'unique élément féminin de la

[8] Dumézil 1985 : 74 sq.

liste comme c'est souvent le cas dans la RS[9]. Quoi qu'il en soit, l'idée que la deuxième fonction dumézilienne offre deux aspects ainsi n'est-elle pas illustrée par le traité de *Hattuša*.

La liste védique le plus proche de la mitannienne est la deuxième des trois triades que nous trouvons dans les premières strophes d'un hymne védique qui, de ce fait, a eu les faveurs de Dumézil[10], le *Vāksūkta* (RS 10.125.1-2) :

> *ahám̐ rudrébhir vásubhiś carāmy* V *ahám ādityáir utá viśvádevaiḥ* | *ahám mitrā́váruṇobhā́ bibharmy* V *ahám indrāgnī́ ahám aśvínobhā́* || 1 || *ahám̐ sómam āhanásam bibharmy* V *ahám̐ tváṣṭāram utá pūṣáṇam bhágam* | *ahám̐ dadhāmi drávinam̐ havíṣmate* V *suprāvyè yájamānāya sunvaté* || 2 ||
>
> Moi (la déesse Parole), je fonctionne avec les Rudra, avec les Vasu et avec les Āditya qu'accompagnent les Viśva Deva. Moi, je soutiens Mitra-Varuṇa tous deux, Indra-Agni et les deux Aśvin. Moi, je soutiens Soma le lascif, Tvaṣṭṛ et le Bhaga Pūṣan. Moi, je place la portion (sacrificielle) pour celui qui (leur) fait des offrandes, (les) invite, (leur) offre le sacrifice et (leur) presse (du soma).

À mes yeux, le panthéon que les deux premières strophes du *Vāksūkta* (RS 10.125) contient est à schématiser comme suit :

[9] *Draupadī*, dans l'épopée indienne, est l'épouse commune des cinq *Pāṇḍava* (voir Dumézil 1968-1973 : I 107 sqq.).

[10] Notamment 1952 : 9 sq. ; 1958 : 36 ; 1968-1973 : I 107 ; 1977 : 27 sqq. ; 1982 : 13 sqq.

1ab	la triade qui recourt au nombre grammatical pluriel : — les ***Rudra*** — les ***Vasu*** — les ***Āditya*** accompagnés des *Viśva Deva*.
1cd	la triade qui recourt au nombre grammatical duel : — le dvandva ***Mitra-Varuṇa*** ; — le dvandva ***Indra-Agni*** ; — les deux ***Aśvin***.
2ab	la triade qui recourt au nombre grammatical singulier : — ***Soma*** ; — ***Tvaṣṭṛ*** ; — ***Pūṣan***.

Quelques remarques.

S'ils sont importants et que, parfois, Dumézil considère *Pūṣan* comme un représentant de la troisième fonction malgré les *Brāhmaṇa* qui font de celui-ci un dieu de la quatrième caste, celle des *śūdra* ou artisans, ces trois derniers ne sont pourtant pas envisagés par sa théorie des trois fonctions.

Dumézil n'a pas pu détecter le caractère arithmologique du contenu de ces deux strophes du *Vāksūkta*[11] du fait d'erreurs qui sont habituellement commises dans leur traduction[12]. Dans le vers 1b *ahám ādityáir utá viśvádevaiḥ*, le composé adjectif *viśvádevaiḥ* est rendu comme si ce fût le syntagme substantif *víśvair deváiḥ*, autrement dit : comme la désignation

[11] 1977 : 27 sq.

[12] E. g. Renou 1956 : 123.

effective d'un quatrième groupe divin[13] ; dans le vers 2b *ahám tvā́ṣṭāram utá pūṣáṇam bhágam*, on traduit *bhágam* comme si ce fût un quatrième théonyme quand, en réalité, nous devons y reconnaître[14] le titre de *Pūṣan*, le dieu qui ouvre les chemins, titre dont le correspondant avestique *baγa-* concerne Ahura Mazdā quand ce dieu détermine le cours des astres[15]. Le nom de *Bhaga*, l'un des *Āditya* ou fils d'*Aditi*, celui qui personnifie la fortune, se confond avec ce titre *bhága-* que partagent notamment les dieux *Savitr̥* et *Pūṣan*, tous deux spécialistes de l'ouverture des chemins, au point que les hymnes védiques ne faisaient plus la différence.

Le cas d'*Agni* que les hymnes associent si souvent à *Indra* n'a pas eu non plus les faveurs de Dumézil : ce dieu n'entre pas dans ses tableaux fonctionnels. Le comparatiste français préfère focaliser son attention sur un autre dvandva, celui dans lequel *Indra* est associé à *Vāyu*[16]. C'est que le *Vāyu* de l'épopée est un guerrier comme *Indra*[17]. L'importance du lien qui unit *Indra* et *Agni* ne peut être ignorée. Elle fut traduite par une relation génétique d'exception : ce sont des jumeaux de mères distinctes[18].

Pour le commentaire de ces listes, nous ne disposons guère de données : nous ne savons comment considérer les

---

[13] Plusieurs vers de la RS viennent confirmer l'existence de la triade : 2.31.1b, 3.8.8a, 6.62.8c, 7.35.14a, 10.66.12c, etc.

[14] Contre *Sāyaṇa* : *tathā tvaṣṭāram utāpi ca pūṣaṇam bhagaṁ cāham eva bibharmi.*

[15] Pirart, Ollodagos 11, 1998, 222 sq.

[16] Notamment 1968-1973 : I 46 sqq.

[17] La recherche n'avait pas mis en lumière que le *Vāyú* que les hymnes védiques associent à *Índra* n'est pas le même dieu que le *Vāyu* épique, père de *Bhīma* : le premier, comparable au Vāyu iranien (av. *vaiiu-*), est l'espace-temps tandis que le second est le vent, celui auquel l'Avesta et les hymnes védiques donnent plutôt le nom de Vāta / *Vā́ta*. La confusion ou l'assimilation que l'Inde, dès la fin des hymnes, a opérée entre les deux divinités complique sérieusement l'approche ou l'analyse des données épiques indiennes. Voir Pirart 2003a : 144 sqq.

[18] RS 6.59.2d *yuváṁ yamā́v ihéhamātarā.*

Vasu, leur nom restant assez pâle ou ambigu. Dumézil[19] me paraît tirer un argument exagéré ou excessif du fait que les richesses puissent recevoir le même nom pour classifier ces dieux comme des représentants de la troisième fonction : la richesse est bonne et les dieux en général le sont aussi qui, dès lors, peuvent recevoir ce nom de «bons» sans qu'il faille nécessairement y voir d'allusion à la richesse[20]. Par ailleurs, dans les textes avestiques, le nom iranien correspondant sert à la désignation de tous les dieux : les Vahu.

La répartition que le *Śatapathabrāhmaṇa* (ŚBM 6.1.2.6-9) opère des différentes catégories divines nées de *Prajāpati* et de *Vāc* entre les niveaux cosmiques terre, espace atmosphérique, ciel et points cardinaux ne me paraît pas indicatrice de ce que telle ou telle catégorie relève davantage de telle ou telle fonction dumézilienne :

les *Vasu*	sur terre
les *Rudra*	dans l'espace
les *Āditya*	dans le ciel
les *Viśva Deva*	aux points cardinaux

Agni, le *Vasu* par excellence, se situe bien évidemment sur terre[21] : le feu rituel, sur qui les mortels comptent beaucoup et que les hymnes nous présentent si souvent comme un prêtre, n'est pas un dieu de la troisième fonction. Si une division dumézilienne est à opérer, nous devons, à mes yeux, bien plutôt l'envisager en perpendiculaire de celle des espaces cosmiques : les trois fonctions peuplent aussi bien la terre que le ciel.

L'auteur du *Vāksūkta* s'est laissé guider par l'arithmologie : trois pluriels, trois duels, trois singuliers. Pour ce faire, il a annexé les *Viśva Deva* aux *Āditya* dans la première liste, recouru à deux dvandva dans la deuxième et opéré une

---

[19] Déjà notamment 1952 : 8 sq.

[20] Le titre de *vásu-* au masc. sg. affuble surtout *Agni*.

[21] Le mauvais feu rituel iranien, Aji Dāhaka, est devenu, dans l'épopée persane, un usurpateur du trône terrestre.

sélection dans la constitution de la troisième où les dieux artisans prennent l'avantage.

L'absence de l'élément féminin ne doit pas surprendre : la déesse *Vāc* a la parole, car elle est la Parole, une déesse qui, par son discours, se positionne par rapport à tous les éléments masculins de la liste. Nous savons que la déesse *Vāc* était assimilée ou était identique à *Sarasvatī*, la septième et cadette des rivières.

Dès lors, la deuxième liste serait encore plus proche de celle de *Hattuša*. Si nous considérons que le feu rituel *Agni*, pour être en relation avec tous les dieux comme l'exprime bien sa fréquente épithète de *Vaiśvānara*, ne remplit pas non plus de case bien spécifique du tableau, la deuxième liste du *Vāksūkta* peut apparaître comme presque identique à celle de *Hattuša* :

Hattuša :	*Vāksūkta* 1cd :
Mitra-Varuṇa ***Indra*** les deux ***Nāsatya*** [***Sarasvatī***]	***Mitra-Varuṇa*** ***Indra***-*Agni* les deux *Aśvin* (= ***Nāsatya***) *Vāc* (= ***Sarasvatī***)

Le *Vāksūkta* ne se différencierait donc fondamentalement du traité de *Hattuša* que par la place qu'il fait à une quatrième fonction, celle des artisans divins de 2ab. Les autres différences proviendraient du propos que l'auteur de l'hymne eut de mettre dans la bouche de la déesse Parole l'illustration de sa maîtrise des trois nombres grammaticaux.

Le caractère trifonctionnel des listes du *Vāksūkta* reste donc incertain si les *Vasu* ne sont pas des dieux de la richesse, si *Agni* n'est pas un dieu guerrier et si la théorie des trois fonctions ignore *Soma*, *Tvaṣṭr̥* et *Pūṣan*. Certes l'argument numérique, pour y avoir été prépondérant, pourrait l'expliquer. La liste mitannienne conserverait, quant à elle, une structure plus authentique, mais isolée. Cependant, comme nous ne pouvons exclure que l'arithmologie l'ait affectée tout aussi bien, quoique de façon différente, la liste mitannienne ne peut pas plus servir de base à l'établissement d'une théorie que celles du *Vāksūkta*.

1.2. Dieux védiques, dieux et démons avestiques

Dans un tableau antérieur[22], Georges Dumézil soulignait que, parmi les dieux mitanniens dont la liste constitue la pierre angulaire de sa théorie, seuls *Mitra-Varuṇa* ont un reflet positif en Iran mais qu'*Indra* et les *Nāsatya* ont pour correspondants iraniens des démons. La première fonction, suite à la reforme zoroastrienne, serait restée divine tandis que les autres dieux auraient été changés en démons. Le tableau que nous allons examiner établit un parallélisme entre les dieux que la réforme zoroastrienne convertit en bonnes entités, les dieux mitanniens ou védiques et une liste de démons iraniens. Comme nous le verrons, il se pose, pour chaque colonne du tableau[23], la question de savoir pourquoi Dumézil n'a pas voulu tenir compte d'un plus grand nombre de dieux ou de démons, autrement dit : le problème de savoir si ces colonnes sont bien complètes. Pour le commenter aisément, j'émaille le tableau d'appels de notes [a], [b], etc. :

[22] 1977 : 42.

[23] 1977 : 50. Je me suis permis de normaliser les orthographes.

Entités gâthiques et postgâthiques[a] :	Dieux fonctionnels indo-iraniens (d'après la liste de Boğazköy)[c] :	avec compléments védiques	Adversaires postgâthiques des Entités[f]
Vohu Manah	**Mitra*		[nouvelle fabrication abstraite : la Mauvaise Pensée]
Aṣ̌a Vahišta	**Varuna*		*Iṇdra*[g]
Xšaθra Vairiia	**Indra*	les *Rudra* (*Rudra-Śarva*[e])	*Sauruua*[h]
Spəṇtā Ārmaiti[b]	[d]	déesse trivalente : *Sarasvatī*	*Nā̊ŋhaiθiia*[i]
Hauruuatāt + Amərətatāt	les deux **Nāsatya*		[nouvelles fabrications abstraites[j] : Soif, Faim]

a. «Entités gâthiques et postgâthiques». Selon la théorie dumézilienne, les dieux, d'une part, abandonnant leurs noms furent convertis en bonnes entités abstraites et, d'autre part, conservant leurs noms devinrent des démons à l'exception de ceux de première fonction.

La première idée peut être niée, car des entités abstraites similaires existent en Inde[24]. Et, de fait, aussi dans d'autres provinces du monde indo-européen[25]. Il serait dès lors plus prudent de dire que les dieux se confondirent avec de telles entités que d'affirmer qu'il y aurait eu pareille transformation. Sans doute de telles entités abstraites leur étaient-elles associées dès avant la réforme à la manière de quelques hypostases.

La liste que Dumézil établit des entités gâthiques et postgâthiques ne peut être vue comme complète : s'il s'agit de la liste gâthique, Johanna Narten[26] a démontré de façon très claire qu'elle était bien plus longue ; s'il est question de la postgâthique, il faut y ajouter Ahura Mazdā puisque les textes le donnent pour le septième ou le premier des sept Amr̥ta Spanta[27]. Dumézil était au courant de ces difficultés, mais, lorsque Jean Kellens et moi-même nous avons voulu connaître

---

[24] Parmi celles-ci, citons ici, pour la suite de notre propos, *Tŕ̥ṣṇā* «la Soif» dont RS 7.89.4ab montre la personnification.

[25] Les panthéons de la Grèce, de l'Inde et de l'Iran, pour ne citer qu'eux, comportent notamment plusieurs entités dont le nom est un abstrait féminin en ie. **-tí-* (exemples : *Mêtis*, *Némesis* ; *Ánumati*, *Arámati*, *Rātí* ; Ārti, Fravr̥ti).

[26] 1982.

[27] Le mécanisme par lequel la longue liste archaïque dépourvue de balises a pu être réduite à sept entrées reste inconnu, mais certaines pistes existent qui sont à explorer : il semble que des regroupements aient été opérés et que, par exemple, Vahu Manah préside ainsi non seulement à la pensée bonne, mais aussi, ne fût-ce que de façon annexe ou marginale, à la parole bonne et au geste bon. C'est ce que suggère l'existence du composé *manas.paoiriia-* (Y 19.12, Vr 19.1) «à commencer par Manah» qui met sur le pavois le premier des trois niveaux du comportement rituel de l'adorateur tout en sous-entendant les deux autres. Avec cet exemple, nous voyons comment seule la plus importante d'un groupe d'entités vieil-avestiques subsiste dans la nouvelle liste. Un autre exemple est celui du dvandva Tavišī+Utayūti qui se serait effacé devant Harvatāt+Amr̥tatāt. Il est tout aussi envisageable que d'anciennes entités survécussent en étant rattachées à la catégorie des Yazata Mānyava («adorables abstraits»), ce qui pourrait être le cas d'Ārti.

son opinion concernant les démonstrations de Narten, il ne les a traitées qu'avec dédain. Peut-être ne voulait-il pas leur donner d'importance pour considérer la liste postgâthique, qui, contrairement à la gâthique, est fermée et bien structurée, comme le reflet d'une situation plus ancienne fruit de l'influence du passé prézoroastrien selon le schéma dialectique thèse + antithèse + synthèse : la religion prézoroastrienne est la thèse ; la réforme, reflétée par les Gāθā, est l'antithèse ; le retour en arrière partiel, que les textes avestiques récents reflètent, constitue la synthèse.

En ignorant les autres entités gâthiques, Dumézil a perdu la possibilité d'établir des comparaisons intéressantes qui auraient pu enrichir ses analyses. Par exemple, il existe une autre paire de jumelles, Tavišī et Utayūti, capacité et rajeunissement, qui complète les jumelles Harvatāt et Amṛtatāt, intégrité et immortalité, pour former un ensemble qui corresponde de façon plus nette avec les ingrédients du mythe védique de *Cyavāna* : le vieux sage qui avertit les *Aśvin* de leur manque de «développement» et de «complétude» fut rajeuni et ravigoré par eux.

b. «Ārmaiti». On omet toujours ou s'obstine à passer sous silence que le *Veda* connaît une déesse portant le même nom[28].

[28] Et, en outre, presque la même épithète : *Arámati pánīyasī* ~ *spəṇtā-ārmaiti-* «la savante déférence» (Pirart 2006a : 26 n. 11 ; 2006b : 182 n. 165). Le khotanais *śśandrāmatā-*, qui, reproduisant celui de la déesse zoroastrienne, rend le nom de la déesse indienne *Śrī*, paraît mettre à mal l'étymologie que j'ai proposée de *spəṇtā-* (IIJ 45, 2002, 144 n. 114 ; JA 290, 2002, 20 n. 3). En effet, ii. **sp* > khotanais *sp*, mais ii. **śv* > khotanais *śś*. Cependant, il convient de remarquer que le mot n'est représenté en khotanais que par trois désignations de la terre (Bailey 1979 : 345 et 395) : *śśandaā-* «Terre» ; *śśandrāmatā-*, nom de *Śrī* emprunté à celui de la déesse zoroastrienne qui est assimilée à la Terre ; *ysamaśśandaa-*, qui, combinaison des mots correspondant aux avestiques *zam-* «terre» et *spəṇta-*, rend le sanscrit *loka-* «monde». Si nous devons faire confiance au khotanais, le rapprochement de *pánīyasī-* et de *spəṇtā-* est à rejeter puisque, pour ce dernier, nous devrions reconstruire ii. **śvănta-* (voir Mayrhofer 1992-2001 : II 81) et y voir un adjectif apparenté à ii. √ **śū* «gonfler» (ie. √ **ḱuH*). Comme ceci est confirmé par l'équivalence d'emploi

c. «D'après la liste de Boğazköy». Nous ne savons si ces dieux sont proto-indo-iraniens : la seule certitude que nous puissions exhiber est qu'ils sont proto-indiens, car plusieurs de leurs homologues iraniens sont non des dieux mais des démons, et la figure du Miθra des textes avestiques ne correspond pas totalement à ce que représente le *Mitra* des documents védiques.

Quant aux dieux du traité de *Hattuša* (Boğazköy), ce ne sont que des noms pour l'élucidation et l'interprétation desquels nous ne possédons aucun élément en dehors du fait qu'ils sont identiques à ceux de certains dieux védiques. Nous ne pouvons garantir que les Mitanniens avaient exactement la

---

qui existe entre le vieil-avestique *gao- azī-* «vache féconde, grosse» et l'avestique récent *gao- spəṇtā-*, les mots khotanais ne peuvent donc que renvoyer étymologiquement à l'idée de «terre fertile». Et ce sens est conforté par le grec *kueîn* «devenir enceinte, porter dans son sein» qui remonte à ie. **k̂uHéi̯e-* comme le védique *śváyati* «il devient fort». Cependant, cette signification de «enceinte, grosse, fertile, féconde» ne convient pas notamment lorsque *spəṇta-* qualifie des dieux tels qu'Ahura Mazdā, Ṛta, les Amṛta Spanta, Ātṛ, Vāta, Rašnu, les chevaux du char divin ou des textes tels que le manθra, les Gāθā ou les Fravṛti. Dans de tels cas, il est en effet préférable sémantiquement de rapprocher *spəṇta-* de *spānah-* nt. «enseignement» : c'est d'ailleurs ce que suggère la comparaison de la succession des épithètes *spəṇta vīδuuå̊ŋhō* «savants, connaisseurs (des chemins)» qui, dans le Y 57.27.2c, qualifient les chevaux du char divin avec celle des vocatifs *spanaŋ^{v}ha $^{+}$vaēiδiiā.paite* «toi qui possèdes l'enseignement et la science» qui permettent au Y 9.27c d'interpeller Hauma et avec celle des termes de la coordination *spānō vaēiδīmca* «enseignement et savoir» présente dans le Yt 10.33g. Comme Spantā Aramati, avant son assimilation complète avec la Terre, est un Amṛta Spanta au même titre que Ṛta, je considère vraisemblable que, pour la désignation de la déesse Déférence, le khotanais ait remplacé ii. **spantā-* «savante» par ii. **śvă̄ntā-* «fertile» dès l'instant où elle pouvait être assimilée à la déesse Terre. Il existe donc à mes yeux deux mots *spəṇta-* en avestique, même si le détail morphologique de l'étymon de ^{2}*spəṇta-* «fertile» ne peut être précisé. Et le rapprocher du védique *śvāntá-* reste malaisé du fait de l'incertitude sémantique qui entoure ce dernier (voir Mayrhofer 1992-2001 : II 678).

même définition de ces dieux que celle qui se déduit du matériel védique.

Je pense que la notion même de divinité proto-indo-iranienne reste problématique pour se baser sur le silence. Nous ne recevons donc pas le tableau sans renacler, car il passe aussi sous silence que d'autres dieux portent le même nom en Inde et en Iran, des dieux qui ne changèrent pas de parti : *Aśvin*, *Tvaṣṭr̥*, *Aramati*, *Soma*, *Vāta*, *Puraṁdhī*, etc. = Aspin, Θvarštar, Aramati, Hauma, Vāta, Parandī, etc. De même, des démons sont homonymes en Inde et en Iran : *Druh*, *Uraṇa*, *Dr̥bhīka*, les *Dānava*, etc. = Druj, Varana, Dr̥bīka, les Dānava, etc. Le tableau ignore aussi que la Zand-āgāhīh, l'un des livres pehlevis, connaît un Miθra démoniaque, le Miθra des ténèbres, une figure qui, pour relever de la première fonction, n'aurait donc pas dû subir les foudres de la prétendue réforme.

Cette ambiguïté de Miθra, qui, de fait, doit avoir quelque importance dans le système religieux fondamental des Iraniens et qui est à l'origine du statut que Plutarque lui accorde d'intermédiaire entre les deux partis, était déjà bel et bien documentée dans l'Avesta quoique c'y fût de façon discrète[29]. Il n'est pas non plus unique de ce point de vue : l'ambiguïté de Vāyu est bien connue, l'espace libre que tant la lumière que l'obscurité peuvent remplir, un dieu que les textes pehlevis n'hésitèrent pas à partir en deux de façon nette pour connaître un démon Vāyu totalement distinct du dieu Vāyu[30].

Par ailleurs, le tableau suppose qu'il y eut réforme en Iran, ce qui n'est plus admis de forme unanime. De toute façon, il conviendrait de la relativiser en tenant compte des similitudes que le panthéon scythique d'Hérodote[31] peut montrer avec celui de l'Avesta si certaines entrées y portent un nom que la comparaison donnerait pour indéniablement zoroastrien alors même que les Scythes ne connaissaient pas Zoroastre :

---

[29] Voir Pirart 2006a : 49, 54 et 114 n. 68.

[30] Sur le Vāyu iranien, Pirart 2003a : 144 sqq.

[31] 4.59.

l'attestation répétée du dvandva *Bhava-Śarva* ou de la coordination forte de *Bhava* et de *Śarva* oblige à considérer que les énumérations en question ne sont pas celles des noms d'une seule et même divinité, mais qu'elles se réfèrent à plusieurs dieux distincts. Même si la figure postvédique, il n'y a guère de doute, est le produit d'un syncrétisme, les hymnes atharvavédiques, qui pourtant les nomment ensemble quelques fois, ne confondent pas *Rudra* et *Śarva*. Comme, dans un hymne de l'AVP, il fait usage d'armes qui sont typiques du chasseur telles que le collet ou le filet et qu'on l'implore de protéger le bétail ou de ne lui infliger aucune blessure de ses tirs de flèches, *Śarva* semble avoir été un dieu de la chasse. Nous pourrions alors avancer que son associé *Bhava* devait représenter l'esprit de la faune sauvage, quoique les données textuelles restent insuffisantes.

f. «Adversaires postgâthiques des Entités». La date qui est donnée de l'antagonisme à une époque postgâthique devrait être mieux spécifiée. Comme nous le verrons, les textes avestiques conservés ne parlent pas de ce statut que les démons mentionnés ont d'adversaires des Amṛta Spanta. La donnée remonte au IXe siècle de notre ère ; et sa plus grande antiquité, comme nous le verrons, est discutable, voire à nier. La liste, artificielle, ne réunit que les démons iraniens dont les noms soient identiques à ceux de dieux de la RS, laissant les autres de côté.

Dumézil se base sur la seule similitude onomastique. Lorsque des textes pehlevis font du démon Indra l'adversaire de Ṛta Vahišta «harmonie excellente», l'un des sept Amṛta Spanta, nous ne pouvons pleinement affirmer que ce démon appartienne à la deuxième fonction comme son homologue divin indien. Davantage de données seront nécessaires.

g. Le démon Indra. Dumézil, dans un premier temps, ne dit rien du niveau fonctionnel de ce démon : les lignes horizontales n'arrivent pas jusqu'à la dernière colonne du tableau, mais, en note, il suggère que «ce décalage d'un rang des divinités devenues "archidémons" peut s'expliquer, pour Indra, par l'ambiguïté de la notion de Xšaθra-kṣatrá (à la fois principe de la deuxième fonction et, dans la première, "pouvoir temporel")». Nous pourrions en déduire que le démon Indra relevait de la première fonction. Ajoutons que Jean Kellens[43] a critiqué l'idée que le concept de xšaθra pût appartenir exclusivement à la deuxième fonction. Plus avant, nous verrons que Dumézil avancera une autre explication.

h. Le démon Sarva. Ce démon si mal connu porte le même nom que l'énigmatique *Śarva* indien, mais aussi, selon toute probabilité, que le cerf latin *cervus*. Peut-être le cerf de Yazılıkaya ou celui de Saint Hubert furent-ils des dieux comparables à *Śarva*.

i. Le démon Nāhaθya. En note, Dumézil, cette fois, suggère que le décalage doit trouver son origine dans «l'intention de conserver uni le bloc des dieux fonctionnels condamnés» et que «le singulier au lieu du duel peut s'expliquer par l'influence des autres "archidémons" ou par celle de l'archange opposé, Ārmaiti, tous au singulier». Dumézil ne juge pas ici que soit significative l'existence isolée d'un *Nāsatya* de nombre grammatical singulier dans un hymne de la RS (4.3.6c).

j. «Soif, Faim». Non, dans les textes l'ordre est Faim et Soif. Ces démons, appelés Šuda et Tr̥šna, ont été confondus par Dumézil[44] avec les jumeaux démoniaques nommés Tūrvi et Zarianc, que certains textes pehlevis présentent parfois comme les adversaires des jumelles Harvatāt et Amr̥tatāt, la paire de déesses qui ferment la liste des sept Amr̥ta Spanta. Aucun texte iranien, comme nous verrons, ne permet de dire que Tūrvi et Zarianc soient les personnifications de la soif et de la faim ou qu'il faille établir d'équivalence entre eux et le tandem Šuda+Tr̥šna.

Il convient encore de souligner que de telles abstractions négatives sont attestées aussi dans la RS où elles sont combattues par *Agni* ou *Indra*, même si la paire envisagée n'y est pas exactement Faim et Soif, mais Embarras et Faim. Le passage le plus intéressant est RS 10.42.10ab :

---

[43] En dernier, JA 290, 2002, 437 sqq.

[44] Au moins depuis 1945 : 92.

«Six archidémons [opposés à six archanges]». Les textes disent toujours sept, Ahura Mazdā étant donné pour le premier des Amr̥ta Spanta ou, parfois dans les livres pehlevis, pour le septième d'entre eux. Dans l'Avesta, la liste canonique est la suivante[51] :

1	Ahura Mazdā (*ahurō mazdā̊*)
2	Vahu Manah (*vohu manō*)
3	R̥ta Vahišta (*aṣ̌əm vahištəm*)
4	Xšaθra Variya (*xšaθrəm vairīm*)
5	Spantā Aramati (*spəṇta ārmaitiš*)
7+6	Harvatāt+Amr̥tatāt (*hauruuātā.amərətātā*)

Dans cette «mauvaise équipe», trois noms ont été inventés pour la circonstance, suggérés d'ailleurs par la forme ou le sens du nom de l'Archange correspondant :

Ce «d'ailleurs» jette de la poudre aux yeux. Justifier ou définir les démons par les correspondances qui les opposent aux dieux supposés avoir été transformés en bonnes entités abstraites me semble bien circulaire si la forme et le sens ne sont évidents que pour Aka Manah opposé à Vahu Manah.

[51] Un ordre de succession distinct se déduit des composés *aṣ̌ō.paoiriia-* (Yt 13.117) «à commencer par R̥ta» et *ārmaiti.paoiriia-* (Y 21.2) «à commencer par Aramati» : derrière Ahura Mazdā qui est seul à obéir au genre grammatical masculin viennent le groupe des trois entités de genre grammatical neutre, la première desquelles serait R̥ta au lieu de Manah, et celui des trois entités de genre grammatical féminin.

en 1, à la «Bonne Pensée» est opposée la «Mauvaise Pensée», Akō Manah; en 5 et 6, à Haurvatāt et Amərətāt, patrons des eaux et des plantes, sont opposées la Soif et la Faim, Taurvi et Zairicā.

Le thème du nom du second jumeau démoniaque est plus exactement *zairiiaṇc-* (Zarianc) «jaunâtre»[52].

Si nous laissons Ahura Mazdā en dehors de la liste, il manque un patron à l'un des éléments, faut-il souligner. La liste des sept éléments est la suivante[53] :

1	Homme (mardōmān)
2	Vache (gōspandān)
3	Feu (ātaršān)
4	Métal (aiiō.**xšust**°ān)
5	Terre (zamīgān)
6	Eau (ābān)
7	Plante (urvarān)

Évincer l'homme de la liste ne permet plus de reconnaître le couple sacrificiel si important qu'il forme avec la vache.

Cette liste des sept éléments n'est pas attestée dans les textes avestiques conservés où, en revanche, nous trouvons la suivante[54] dont les ingrédients sont védiques aussi, mais les textes avestiques n'établissent aucune correspondance avec les Amṛta Spanta. En outre, la liste avestique obéit à un ordre de succession distinct et nomme le ciel là où la tardive mentionne

[52] Comme Bartholomae (1904 : col. 1680) l'avait bien vu (cf. védique *śvityáñc-* «blanchâtre», voir Mayrhofer 1992-2001 : II 806 n. *).

[53] E. g. VZ 35.39.

[54] E. g. Y 19.2,8. Cf. VZ 2.

le métal, la substitution étant concevable si le ciel était considéré comme métallique :

1	Ciel
2	Eau
3	Terre
4	Vache ou Plante
5	Plante ou Vache
6	Feu ou Homme
7	Homme ou Feu/Soleil

J'ignore pourquoi Dumézil donne une liste limitée à six éléments[55]. Soulignons que l'élément métal n'est pas à interpréter comme un trait guerrier : il s'agit du métal en fusion qui était utilisé pour les ordalies, ce qui le met en rapport non avec la deuxième, mais avec la première fonction dumézilienne. Autre donnée d'importance : l'homme et la vache forment le couple sacrificiel sans lequel rien ne pourrait être compris des anciens systèmes religieux de l'Inde et de l'Iran[56]. Si nous tenons compte du lien qui unit le métal et le feu — le métal est fondu —, une structure de la liste sera 2 + 2 + 3.

> **Mais les trois autres sont des noms de dieux anathématisés, tournés en démons par le ou les réformateur(s) et, sur ces trois, deux coïncident avec deux noms canoniques[5] du tableau trifonctionnel indien: Indra et les Nāsatya.**

«Deux noms canoniques». Terme exagéré. Les variations que l'on constate dans la liste me paraissent trop profondes et fréquentes pour que nous puissions parler de liste canonique.

---

[55] 1977 : 44.

[56] Il est vrai que l'on trouve un bœuf chez plusieurs auteurs au lieu de la vache qu'impose le genre grammatical féminin et que Dumézil lui-même parle aussi de bœuf (e. g. 1945 : 71, 134 ; 1952 : 17 ; 1958 : 41) ou de bovin (e. g. 1994 : 60).

Mais les effets de cette damnation sont remarquables. Indra n'est pas opposé à l'Archange qui a pris sa place dans le «bon» démarquage de son rang, à Xšaθra Vairya «puissance temporelle, royaume, patron des métaux», en qui certains Grecs ont reconnu un Arès.

À la suite de Humbach[57], Jean Kellens, de concert avec moi[58], a montré que le Xšaθra (tout comme, en bonne mesure, son homologue védique), plus exactement, est l'influence que la divinité permet au sacrifiant d'exercer sur elle par le biais du sacrifice offert et, en particulier, au roi pour qu'il assure le bien-être de son peuple. Que savons-nous du démon Indra? Nous le verrons, mais Dumézil présente les choses comme si l'Indra démoniaque fût la démonisation d'un ancien dieu proto-iranien **Indra* de type védique sans autre argument que l'identité onomastique.

Il l'est à l'Archange du rang immédiatement supérieur, au transposé du souverain Varuṇa, Aša Vahišta.

Le degré fort faible de personnification de certains archanges comme R̥ta (*aṣ̌a-*) va de pair avec leur caractère d'entités abstraites. Dans le cas de Xšaθra, la personnification reste pratiquement nulle[59]. Les notions védiques *r̥tá-* et *kṣatrá-*, elles non plus, n'ont pas besoin d'être personnifiées pour être importantes. Je ne vois donc pas la nécessité de reconnaître un *Varuṇa* en dessous de R̥ta Vahišta : ne pourrions-nous nous contenter d'accepter que R̥ta Vahišta correspondît à son homologue védique *r̥tá-*? Dumézil veut à tout prix reconnaître dans les sept archanges une liste comparable à la védique ou

---

[57] 1959 : II 86.

[58] 1988-1991 : II 232.

[59] Xšaθra figure dans l'énumération divine qui, dans le Y 33.11, constitue pourtant le sujet d'un verbe conjgué à la deuxième personne du pluriel.

mitannienne. S'il existe la possibilité d'analyser le xšaθra comme un concept relevant de la première, la deuxième fonction pourrait être absente du tableau.

> **Et cela, sans doute, est l'effet ou l'utilisation d'une rivalité conceptuelle sinon d'une hostilité, qui s'observe en plusieurs lieux du monde indo-européen, entre la souveraineté magique, à prétention cosmique, et le commandement guerrier, royal : le guerrier, contre les forces mauvaises, défend l'ordre du monde auquel président les souverains — mais le fait qu'il est fort, le fait aussi qu'il commande, qu'il reçoit comme eux le titre de roi, l'incitent à menacer cet ordre et à rivaliser avec les dieux qui le gouvernent de plus haut : les dialogues aigres-doux d'Ódinn et de Þórr dans l'Edda, les définitions différentielles de Varuṇa et d'Indra dans les hymnes védiques mettent en scène ou en formule cet équilibre instable.**

Le fait que lui soit octroyé le titre de «roi» ne me paraît pas significatif si le portent bien d'autres dieux védiques et avestiques. Et, de toute façon, que veut dire «roi» à l'époque des Proto-indo-iraniens? Dumézil ne lésine par sur les moyens en faisant déjà allusion à une ancienne opposition de *Varuṇa* et d'*Indra* dans *Heur et malheur du guerrier*[60] pour le commentaire de celle de l'archange Ṛta Vahišta et du démon Indra. Cette opposition que le dvandva pacifique *Indra-Varuṇa* paraît démentir n'est documentée de forme claire par aucun mythe védique, et Dumézil ne tire aucun profit des textes pehlevis pour identifier les traits du démon iranien. La soi-disante opposition qu'*Indra* maintient avec *Varuṇa*[61] reste théorique ou indirecte comme dans le mythe fondateur du théâtre[62] : dans la représentation théatrale que les dieux donnèrent pour

[60] 1985 : 58.

[61] Voir Muir 1852-1872 : V 121-126 ; Oberlies 1998 : 344.

[62] Étudié par Kuiper 1979.

célébrer la victoire d'*Indra*, *Varuṇa* mima le roi des démons. Sur base des strophes védiques[63], mieux vaut parler de contraste que d'antagonisme entre les deux associés.

> **La réforme zoroastrienne qui a certainement eu à dompter, avant tout, les aspects autonomes de la fonction guerrière et de ses représentants, a rapproché sainement, organiquement les héritiers de Mitra et Varuṇa d'une part, celui d'Indra d'autre part, Xšaθra étant à comprendre souvent, je le répète, par «royaume», avec l'orientation que l'Évangile donne à ce mot («le Royaume»).**
>
> **C'est un autre *deva* indo-iranien, contigu mais extérieur au tableau trifonctionnel, qui a été opposé à Xšaθra Vairya. L'Inde le connaît sous le nom de Śarva et l'Avesta lui consacre des hymnes importants.**

«L'Avesta». Une erreur de Joël Grisward : il faut lire «l'Atharvaveda».

> **Il est en fait une variante de Rudra (ou simplement un nom de Rudra: E. Arbman, *Rudra, Untersuchungen zum altindischen Glauben und Kultus*, 1922, p. 29 n. 2), c'est-à-dire du dieu placé sur les confins du monde exploré, domestiqué; au pluriel tout au moins, Rudra a été absorbé dans une classification trifonctionnelle:**

Au lieu de *Śarva*, Dumézil parle de *Rudra* sous prétexte que *Śarva* ne serait jamais qu'un autre nom de *Rudra*, ce qui, malgré la référence — une simple note de bas de page ! —, n'est ni avéré ni démontré. Quoi qu'il en soit, il faut souligner que l'association de *Rudra* sg. avec *Indra* n'est en rien documentée.

---

[63] Cf. RS 6.68.3, 7.82.2, 7.83.9, 7.84.2, 7.85.3.

entre les Āditya souverains, compagnons de Mitra-Varuṇa, et les Vasu qui portent dans leur nom les biens matériels,

Le nom des *Vasu* ne renvoie pas aux biens matériels : aucun texte ne l'expose. Comme je l'ai déjà dit, leur titre de «bons» est porté, individuellement, par de nombreuses divinités et, en Iran, c'est la désignation la plus générale des dieux avestiques et, individuellement aussi, depuis Ahura Mazdā jusqu'à la dernière déesse de n'importe quelle catégorie (Vahu, Vahvī).

les Rudra ont la charge de représenter la deuxième fonction au même titre que les Marut.

Mais, comme on sait, les *Marut* sont des *Rudra*[64]. Ceci dit, il pourrrait incommoder que Renou[65] dise être conduit «à admettre avec M. Dumézil que les M° couvrent les trois fonctions, autrement dit la totalité des activités possibles»[66].

Il était donc apte, puisqu'Indra était damné ailleurs, à s'opposer en «mal» à l'Indra corrigé en «bien» qu'est l'archange Xšaθra.

Pour la troisième fonction, il s'est produit une dénivellation du même ordre: ce n'est plus aux archanges transposés des jumeaux Nāsatya qu'est opposé Nåṅhaiθya mais à l'entité féminine Spəntā Ārmaiti qui les précède immédiatement dans la liste et qui est héritière de la déesse trivalente indo-iranienne que le Ṛg Veda et les rituels indiens associent volontiers à la liste canonique (sous le nom de Sarasvatī) mais plutôt jointe qu'incorporée.

---

[64] Pirart, Aula Orientalis 8, 1990, 260 sqq.

[65] 1955-1969 : X 12.

[66] Il est d'ailleurs à souligner que, pour la RS, *Soma* et les *Aśvin* notamment appartiennent aussi au groupe des *Rudra* (Pirart, Aula Orientalis 8, 1990, 260 sqq.).

«Déesse trivalente». Dumézil analyse Spantā Aramati de la même façon que si elle fût une déesse fluviale ou la déesse parole. En réalité, Spantā Aramati est la mère des dieux d'Iran, comparable à beaucoup d'égards à la védique *Aditi*, la mère des *Āditya* ou, aussi, de tous les dieux. Néanmoins, nous ne savons si *Aramati panīyasī* est un autre nom d'*Aditi*. Spantā Aramati est la première des trois déesses que nous trouvons au terme de la liste des sept Amr̥ta Spanta de la même manière qu'Ahura Mazdā est le premier des quatre Amr̥ta Spanta qui l'ouvrent et que, malgré le genre grammatical neutre de trois d'entre eux, les textes définissent comme masculins. La raison en est qu'Ahura Mazdā et Spantā Aramati sont ciel et terre. La liste des Amr̥ta Spanta n'obéit donc pas au même schéma que la mitannienne. Il existerait ainsi une autre clé pour son analyse. Darmesteter l'avait dit avec des arguments irréfutables : Ahura Mazdā, père des dieux, de qui le vêtement est le ciel, correspond au védique *Dyu*[67].

Cependant, Dumézil avait tenté, dans *Mythe et Épopée*[68], de réduire l'importance du genre grammatical des jumelles Harvatāt et Amr̥tatāt sur base du sexe masculin des anges judéo-musulmans Hārūt et Mārūt afin d'isoler Aramati et d'y reconnaître mieux la déesse trivalente, mais l'analyse que j'ai produite du Hordād Yašt (Yt 4)[69], texte qui, consacré à la déesse Harvatāt, le met précisément en exergue, ne permet nullement pareille mise en doute ou négligence de son sexe féminin.

> **Ce n'est certainement pas des éléments matériels qui leur sont associés — eaux et plantes — qu'il faut partir pour comprendre Haurvatāt et Amərətāt : cette corrélation, réfléchie, d'ailleurs très opportune, n'est au contraire qu'une conséquence de leur nature qu'exprime bien leur nom: d'une part l'intégrité, la santé, au sens le plus large, appelle la**

---

[67] 1892-1893 : I 22, 222, 222 n. 6 ; II 507.

[68] 1968-1973 : I 105.

[69] BAEO 38, 2002, 209-222.

médecine des plantes ; d'autre part, le contraire de la mort, qu'il s'agisse d'une vie indéfinie dans l'au-delà ou d'une prolongation de la vie ici-bas.

«L'intégrité, la santé». Harvatāt n'est pas seulement la santé ou l'intégrité : elle est aussi la totalité, l'exhaustivité, et, comme je l'ai exposé dans mon travail sur le Hordād Yašt (Yt 4), que la déesse occupe la sixième position, c'est là le fruit d'une erreur causée par l'exigence grammaticale que, dans un composé dvandva, le terme le plus court vienne en premier lieu. Originellement, Harvatāt était le septième Amr̥ta Spanta, le dernier. L'ordre des adversaires de Harvatāt et d'Amr̥tatāt le confirme : si elle patronne l'élément eau et que Tr̥šna, la soif, est le second des deux adversaires, il faut que ce soit Harvatāt la seconde des deux jumelles divines. Le Hordād Yašt expose que Harvatāt résume l'ensemble ou tout le groupe des sept Amr̥ta Spanta et qu'il est possible de donner le nom de Harvatāt à chacun d'eux[70]. Comme elle patronne l'élément eau, Harvatāt pour occuper la dernière case peut être comparée à la *Sarasvatī* anonyme du traité de *Hattuša*. On le voit : nous pouvons manipuler la liste des Amr̥ta Spanta selon notre bon vouloir. Je préfère considérer que Harvatāt est Harvatāt, non rien d'autre : son concept existait aussi dans le *Veda*. Nous l'avons vu à propos du mythe de *Cyavāna*. Je ne ressens aucune nécessité de supposer que les jumelles avestiques soient le fruit d'une réforme zoroastrienne qui aurait sublimé des jumeaux proto-indo-iraniens quand bien même ceux-ci pourraient effectivement avoir été accompagnés de toute une série d'hypostases, celles que les Gāθā nomment Tavišī, Utayūti, Amr̥tatāt et Harvatāt s'il n'y en a pas d'autres.

> **Les noms des démons opposés, «Soif» et «Faim», prouvent que les eaux et les plantes que patronnent Haurvatāt et Amərətāt sont bien compris, partiellement au moins, comme boisson et nourriture.**

---

[70] Pirart, BAEO 38, 2002, 209 sqq.

Faim et soif, ce ne sont que deux hypostases des jumeaux négatifs : d'autres existaient qui ne doivent pas être confondues avec elles. Les démons soif et faim — nous le verrons — ne sont pas Tūrvi et Zarianc[71]. La concurrence surprend que ces deux derniers démons montrent avec un Nāhaθya de nombre grammatical singulier : trois héritiers démoniaques alors que les jumeaux archétypiques sont deux. J'aurai ci-dessous l'occasion de commenter plus en détail ce problème auquel Dumézil n'a pas donné de solution satisfaisante.

> **Parallèlement à ces réflexions théologiques sur l'essence des héritiers des Nāsatya, leurs interventions dans les rites, dans le calendrier témoignent dans le même domaine de plus larges offices bienveillants, qui correspondent bien à la disponibilité générale de leurs archétypes. Il est parfois question de leur culte commun».**

Les réflexions théologiques dont parle Dumézil pourraient bien être les siennes propres. C'est ce que nous allons voir en examinant de façon approfondie tous les textes mazdéens zoroastriens qui traitent des démons iraniens porteurs d'un même nom que des dieux védiques.

---

[71] Cette affirmation de Dumézil qui ne peut se défendre sur la base d'aucun texte remonte sans doute à Sanjana 1874-1928 : IX *Glossary of selected words* 9-10.

2

LES TEXTES AVESTIQUES

[72] Malheureusement, à propos des démons qui nous occupent, il n'existe que deux passages avestiques. Tous deux appartiennent au Vidēvdād, «la loi antidémoniaque».

Dans le dixième chapitre du Vidēvdād[73], Zaraduštra demande à Ahura Mazdā comment s'y prendre pour éloigner ou chasser les forces démoniaques. Le grand dieu lui répond que, pour ce faire, il convient de prononcer certaines formules qui les nomment après avoir récité deux, trois ou quatre fois un certain nombre d'extraits des Gāθā (V 10.1-2), ces poèmes qui forment la strate la plus archaïque de la littérature iranienne.

Les extraits qui sont à réciter **deux fois**, au nombre de dix (V 10.3-4), sont suivis des formules qui nomment les **deux** démons Ahra Manyu et Druj Nasu (V 10.5-6). Ceux qui sont à réciter **trois fois**, au nombre de quatre (V 10.7-8), sont accompagnés des formules qui stigmatisent les démons Indra, Sarva, Nāhaθya, Tūrvi et Zarianc (V 10.9-10). Ceux qui sont à réciter **quatre fois**, au nombre de trois (V 10.11-12), sont complétés par les formules qui condamnent les démons Išma, Agataxša, le groupe des Varaniya et l'énigmatique *vātīm* (V 10.13-14), autrement dit : **quatre** entrées démoniaques. Comme l'argument arithmologique, au vu de l'opération (2 × 10) + (3 × 4) +

[72] Ce chapitre et le suivant développent un article rédigé en castillan qui doit paraître dans Archeolingua (Budapest) et correspond à une communication faite au colloque «Vingt ans après Georges Dumézil» qui s'est tenu à la Casa de Velázquez fin novembre 2006 à Madrid.

[73] Texte avestique du V 10 : Geldner 1886-1895 : III 81 sqq. ; texte avestique et traduction pehlevie du V 10 : Jamasp 1907 : 421 sqq. ; texte pehlevi et traduction anglaise : B. T. Anklesaria 1949 : 257 sqq. ; texte avestique et traduction française : Pirart 1995-2000 : I 405 sqq.

(4 × 3) = 44, un multiple fort apprécié de onze[74], doit être prépondérant, que la récitation double des extraits est recommandée si les démons envisagés sont au nombre de deux et qu'il est recouru à une récitation quadruple s'ils sont quatre, la logique impose que soient au nombre de trois les démons que permet de chasser la récitation triple. Cette constatation me conduit à penser que Nāhaθya arborait originellement le nombre grammatical duel et que le tandem Tūrvi + Zarianc ne serait jamais que l'explicitation de ce duel, lequel, par ailleurs, était à prendre comme une unité au même titre que le groupe des Varaniya parmi les démons dont il n'est possible de se débarraser qu'en recourant aux extraits gâthiques qui sont récités quatre fois[75].

En outre, des investigations à travers les manuscrits des livres pehlevis m'ont permis de détecter la présence du mot moyen-perse ay «c'est-à-dire» entre le nom de Nāhaθya et la coordination étroite de ceux de Tūrvi et de Zarianc :

> ***n'yghs 'y t'vlyc V z'(y)lyc***
> nåŋhaiθ° ay taur°-iz ud zāir°-iz
> Nāhaθya, c'est-à-dire : tant Tūrvi que Zarianc[76].

Ceci confirmerait que les jumeaux ne sont que deux. Le schéma du pandémonion envisagé par le V 10 est alors le suivant :

---

[74] Sur l'hendécatropisme diascévastique, voir Pirart 2003b ; 2004 : 24 et 44.

[75] La traduction pehlevie du texte n'apporte rien de plus à se contenter de transcrire les noms démoniaques sans les traduire ni les commenter.

[76] E. g. certains mss. de EM 1.10.9 (voir Appendice D) et de ZA 1.55 (voir Appendice E).

1	Ahra Manyu (*aŋrəm mainiiūm*) «opinion funeste»
2	Druj Nasu (*nasūm*) «dysfonctionnement-nécrose»
1	Indra (+*indrəm*)
2	Sarva (*saurum*)
3	Les deux Nāhaθya
	(*nåŋhaiθīm daēum* ... +*tauruui* ... +*zāirica*)
1	Išma (*aēšməm*) «colère»
2	Agataxša (*ak/γatašəm daēum*)
	«compositeur de mauvais (textes)»
3	Les Varaniya (*varəniia daēuua*) « ? »
4	†*vātīm daēum* « ? »

Avec cette analyse du V 10, nous pouvons engranger que la deuxième liste ne compte que trois éléments : Indra + Sarva + Nāhaθya.

La dernière partie du chapitre 19 du Vidēvdād relate que les démons, consternés devant la naissance de Zaraduštra, se précipitèrent au plus profond de l'enfer (V 19.43-47)[77]. C'est l'occasion de les énumérer (V 19.43 et 46), mais la liste qui est donnée, dépourvue de toute clé arithmologique, apparaît en bonne mesure identique à celle du dixième chapitre.

Il faut souligner l'absence d'Aka Manah des deux passages du Vidēvdād. Ceci me paraît de la plus grande importance. Nous verrons que les livres pehlevis la confirment quelques fois.

[77] Texte avestique du V 19.43-47 : Geldner 1886-1895 : III 131 ; texte avestique et traduction pehlevie : Jamasp 1907 : 640 sqq. ; texte pehlevi et traduction anglaise : Moazami, EW 52, 2002, 160 et 169. Voir aussi Pirart 1995-2000 : I 19. La traduction pehlevie de V 19.42-43 n'existe pas.

3

LES LIVRES PEHLEVIS

3.1. L'exception d'Aka Manah

Contrairement à ce que pouvait laisser prévoir le silence de Dumézil, les passages pehlevis[78] qui parlent d' Indra, de Sarva, de Nāhaθya, de Tūrvi et de Zarianc sont nombreux et abondants : je donne en Appendices (B, C, D, E) l'analyse de tous les passages non utilisés ci-dessous.

Si les livres pehlevis confirment de temps à autre l'absence d'Aka Manah, sa présence, dans le cadre d'une énumération d'antagonismes, est en revanche assez fréquente, et c'est toujours comme adversaire de Vahu Manah, mais, insistons-y, le démon Aka Manah — le fait me paraît des plus significatifs — n'est présent dans la liste des démons pehlevis que si la liste est présentée en opposition avec celle des Amr̥ta Spanta. Dans d'autres cas de figure, Aka Manah ne fait généralement pas acte de présence, la liste accueillant alors uniquement Indra, Sarva, Nāhaθya, Tūrvi et Zarianc. Comme nous le verrons, l'absence d'Aka Manah aux côtés de ces derniers s'explique par une différence de statut.

3.2. Les catégories démoniaques

En effet, les démons tout comme les dieux se répartissent entre diverses catégories. Si celles des dieux, parmi lesquels se reconnaissent notamment des Yazata «dignes d'être honorés par l'offrande de sacrifices»[79] et des Amr̥ta Spanta «immortels

[78] Les livres pehlevis, généralement, remontent au neuvième siècle de notre ère, c'est-à-dire de l'époque musulmane à laquelle eut lieu une renaissance mazdéenne, éphémère pour sûr.

[79] Cf. védique *yajatá-* (voir Mayrhofer 1992-2001 : II 394).

savants», sont assez connues, il n'en va pas de même des démoniaques.

Les livres pehlevis conservent le souvenir qu'existaient au moins deux classes de démons pour faire de temps à autre usage de la coordination de draojin° (*dlvcn*) «Draujana» et de dēv (*ŠDYA*) «Daiva» même si, d'autres fois, les deux termes sont utilisés de façons assez équivalentes ou l'un pour l'autre. L'absence de garantie que l'usage fût cohérent dans l'Avesta, due au caractère d'hapax[80] du mot *draojina-*, ne doit pas constituer un obstacle majeur. À ce propos, signalons qu'il paraît naturel d'octroyer le titre de Daivī à Druj alors même que cette diablesse appartient à la catégorie des Draujana : la raison de cette anomalie apparente est à rechercher dans une sorte de dissimilation sémantique ou dans la volonté d'éviter une tautologie. Au lieu de *draojina-*, les textes avestiques conservés recourent souvent à son synonyme drugvant (*druuaṇt-*) «accompagné de Druj». De fait, ce n'est pas le seul cas de différence terminologique qui puisse être enregistrée entre l'Avesta dont nous conservons plusieurs pans et quelqu'Avesta perdu ou théorique auquel les textes pehlevis empruntèrent une part de leur lexique technique. Le fait constitue un trait de discontinuité dans la tradition mazdéenne zoroastrienne que nous pouvons ajouter à beaucoup d'autres tels ceux de la phraséologie et du lexique des inscriptions achéménides ou sassanides (Kirdīr) quand nous les comparons avec ce qui nous reste en fait de textes avestiques.

Il faut avoir à l'esprit qu'il existait au moins deux catégories démoniaques[81] à l'instant d'analyser le chapitre XXXI du neuvième livre de l'encyclopédie appelée Dēnkard[82] «faits de religion». Ce chapitre nous informe sur le contenu du neuvième chapitre du Huuarəšt°mąθr° Nask «le livre des manθra bien accomplis», le troisième des sept livres gâthiques de l'Avesta perdu. Ce neuvième chapitre relatait que les

---

[80] Pirart, BAEO 38, 2002, 221.

[81] Pour une autre catégorie possible, voir l'Appendice G.

[82] Sur les autres témoignages que le Dk nous apporte concernant les Daiva qui nous intéressent, voir l'Appendice C.

démons vinrent supplier Ahura Mazdā dans l'espoir qu'il leur laisserait avoir une place dans le ciel. La réponse que leur fit Ahura Mazdā a beau contenir une énumération dans laquelle, de fait, n'apparaissent pas nommément les démons qui nous occupent, son contenu m'a paru fort riche (Dk 9.31.3)[83] :

passaxv ī ohrmazd <ī>[84] ō avēšān kū be duždānāg dvārēd ō bun ī ān <ī> ×argand[85] tom[86] .·. **ēdōn ašmā +harvisp[87] +kē[88] dēv<ān> hēd ā-tān az akō.man°-iz** [*AYT*|][89] **tōhmag** {kū-tān tōhmag az ānōh kū akō.man° ud varən°-iz ī abesīhēnīdār ud āz-iz ī ×anāpəš°[90] ud ×anaš°-iz[91] ī kō<x>šīdār <ī> dēn <ī>[92] mēnōy [ī][93] ašəmaoγ°īh} .·. ud frāz frēbēd mardōm gaēiθii°ī<h>[94] pad huzīvišnīh ud amarg-ravišnīh <.·.> ud menišn[īh][95] <ī> avēšān fradom be bandēd °₀°

Ahura Mazdā leur fit cette réponse : Ignorants, fourvoyez-vous au fond de l'horrible ténèbre. Ainsi êtes-vous, vous tous les Daiva : votre origine réside dans Aka Manah (= «pensée mauvaise»), {c'est-à-dire : votre

---

[83] Les corrections sont effectuées par rapport à l'édition qu'en a donnée Sanjana 1874-1928 : XVII 99 sq. [Sj]. Le passage, absent du ms. B (voir Dresden 1966 : 38 et 45), commence à la ligne 11 du folio 287v du ms. DH (Khanlari 1971) et à la ligne 7 de la page 836 chez Madan 1911 : II [Md]. La ponctuation, absente de Md, est donnée d'après Sj.

[84] Car le syntagme ō avēšān est complément du nom passaxv.

[85] Sj et Md *hylvng*.

[86] Cf. V 19.47.

[87] Sj et Md *hlvst*|.

[88] +*MNV* avec DH, contre Sj et Md *MN*.

[89] Avec Sj et Md.

[90] × *'n'pvhl*, contre Sj *hvhnb'l* (DH, Md) «well accumulating».

[91] × *'n'hlc*, contre DH, Sj («and, likewise, Indra») et Md *yndlc*|.

[92] Sj <ud>.

[93] Si nous considérons que le titre de mēnōy «mānyavī, déesse abstraite» est épithète de ašəmaoγ°īh «déviation de l'harmonie».

[94] Sj et Md *styy*.

[95] Avec Sj et Md.

origine réside là où se trouvent Aka Manah aussi bien que Varana (= « ? ») le destructeur, que l'inexpiable Āzi (= «concupiscence»), qu'Anārti (= «malchance / absence de l'envoi des pensées, paroles et gestes bons»)[96] qui, ennemie de Dainā (= «la religion mazdéenne»), est la Mānyavī (= «la (diablesse) abstraite, l'allégorie») de l'hérésie}. Et vous frustrez beaucoup le monde humain de la vie bonne et de l'immortalité[97]. Et vous commencez par enchaîner sa pensée.

Dans la séquence que je fais figurer en gras de ce qu'Ahura Mazdā dit aux démons, nous pouvons reconnaître un vers (Y 32.3aa') de la Hvaitumatī Hāti (Y 32) de l'Ahunavatī Gāθā (Y 28-34). Cela concorde d'ailleurs avec la relation annoncée du neuvième chapitre du Nask avec la section Y 32 des Gāθā à laquelle il emprunte son titre. Selon le passage gâthique (Y 32.3aa'bb')[98]

> *aṯ yūš daēuuā vīspåŋhō* V ***akāṯ manaŋhō*** *stā ciθrəm* V *yascā vå maš yazaitē* V ***drūjascā pairimatōiščā***
>
> Et vous tous les Daiva et le Maz qui vous offre le sacrifice, vous êtes caractérisés par Aka Manah, Druj et Parimati,

les démons nommés Vispa Daiva «tous les Daiva» et le chef (*maz-*) qui leur offre le sacrifice trouvent leur origine dans Aka Manah, Druj et Parimati, c'est-à-dire : pensée mauvaise, dysfonctionnement et négligence. Il y est à souligner que les Daiva visés, qui ne sont pas identifiés en dehors de la désignation collective et apparemment vague de Vispa[99] et du fait qu'un certain Maz leur rend un culte, ne se situent pas sur

---

96 Voir Pirart 2006b : 94 sqq.

97 Reprend Y 32.5aa' (Sj).

98 Texte vieil-avestique : Geldner 1886-1895 : I 115 ; texte vieil-avestique et traduction française : Kellens & Pirart 1988-1991 : I 119.

99 Mais qui rappelle celle des *Víśva Devá* védiques (sur lesquels voir Renou 1955-1969 : IV 1-11).

le même plan que la triade Aka Manah + Druj + Parimati[100]. Peut-être les démons évoqués appartiennent-ils à la catégorie qui se caractérise ou se définit par les honneurs sacrificiels que leur rendent les adversaires religieux, autrement dit : la contrepartie négative des dieux formant la catégorie des futurs Yazata, laquelle est à distinguer de celle des dieux qui se passent de tels honneurs et recevront le nom d'Amr̥ta Spanta. Le commentaire qu'apporte le Dk 9.31.3, au lieu de la triade Aka Manah + Druj + Parimati, donne une énumération que son caractère exceptionnel m'empêche d'interpréter :

Aka Manah
Varana
Āzi
Anārti

En revanche, le texte gâthique, comme nous le verrons, pourra, quant à lui, être interprété avec grand profit. Cependant, pour ce faire, nous devons d'abord examiner quelques autres textes pehlevis.

Tout d'abord, prenons l'anthologie appelée Vizīdagīhā ī Zādsparam «Les sélections dues a(u professeur) Zādsparam (ī Gušnjamān)». Parmi les événements qui marqueront la fin du temps linéaire, le chapitre XXXV des Vizīdagīhā ī Zādsparam nous expose le sort qui sera réservé à quelques démons qui sont alors énumérés (VZ 35.35-38)[101] :

[100] Le Dk 3.192 établit lui aussi une différence de statut entre les Daiva Mazaniya (*m'zn YŠDY'n*) et Aka Manah.

[101] Les VZ ne nous offrent pas d'autre témoignage à propos des Daiva qui nous intéressent. Les corrections sont effectuées par rapport à l'édition qu'en ont donnée Gignoux & Tafazzoli 1993 : 134 [GT]. Comme il est absent du ms. K35 (Christensen 1934b : 8 ; Gignoux & Tafazzoli 1993 : 25) et de sa copie BK (Gignoux & Tafazzoli 1993 : 25), le passage n'est donc accessible

ahreman <ud> mazanīgān <ud> āz <ī> spāhbed <ud>[102] abārīg dēvān ⁺stard-homānāgīh[103] pad xvēš hamēstārīh ˣvānīdagīhā[104] be ō mardōmān dīdārīg bavend ∴.

Ahra Manyu, les Mazaniya, Āzi chef d'armées et les autres Daiva, comme envahis de stupeur, suite à la déroute que leur infligeront leurs respectifs adversaires, deviendront visibles pour les humains.

ud ān [ī][105] vēnišn rāy mardōm<ān> az ˣnēmag īˣ[106] ahreman be ō ohrmazd vardend ∴.

Et, à les voir tels qu'ils sont, les humains tourneront le dos à Ahra Manyu pour se tourner vers Ahura Mazdā.

ud rōšnān jud-jud ˣhamēstār īˣ[107] xvēš zaned ciyōn vohu.man° akō.man° <ud> ard<ī>vahišt iṇdr°[108] ⁺ud[109] šahr<ī>ver[110] saur°[111] <ud> ⁺spandarmad ˣnåŋhaiθ°[112] ud hordād <ud>[113] amurdād [ud][114] taur°-iz[115] ud zāir°-iz[116] <ud> gōš-ruvān

---

que dans le seul ms. TD, lequel est sans doute à dater du XVIe siècle (Gignoux & Tafazzoli 1993 : 25 sqq.).

[102] Avec GT.

[103] GT en deux mots.

[104] Avec GT ; TD *v'n|yt|gyh'* est à corriger en ˣ*v'nytkyh'*.

[105] Avec GT.

[106] Avec GT ; TD *nymkyh* est à corriger en ˣ*nymk| Y*ˣ.

[107] Avec GT ; TD *hmyst'lyh* est à corriger en ˣ*hmyst'l Y*ˣ.

[108] TD *'ndl*.

[109] GT [ud].

[110] TD *štryvr*.

[111] TD *svl*.

[112] TD *spndrmt| 'nghyt|* est à corriger en ⁺*spndrmt* ˣ*n'yghyt|*. Pour les détails des graphies pehlevies du nom avestique de Nāhaθya, voir l'Appendice E sous ZA 1.55.

[113] Avec GT.

[114] Avec GT.

[115] TD *t'vlyc|*.

draojin°[117] ī gurg-tōhmag[118] <ud> mēnōy[119] [ī] zōr abzōr ī az zarmānīh .·.

Et chacun des (dieux) lumineux frappera son propre adversaire : Vahu Manah frappera Aka Manah ; Ṛta Vahišta, Indra ; Xšaθra Variya, Sarva; Spantā Aramati, Nāhaθya ; Harvatāt et Amṛtatāt, tant Tūrvi que Zarianc ; Gauš Ruvan (= «l'âme-moi de la Vache (paradigmatique)»), le Draujana Vṛkaciθra (= «apparenté au loup»[120]) ; le (dieu) mānyava de la force d'accélération, (le démon de) la faiblesse qui procède de la vieillesse,

ciyōn <paydāg>[121] pad dēn kū vānīhed pad āštīh ˣanāštīh[122] <ud> pad rādīh arādīh <ud> pad bovandag-menišnīh tar-menišnīh <ud> pad ān ī rāst ⁺gōvišn[īh pad][123] ān ī drō ⁺gōvišn[124] <ud pad>[125] ašaii°īh druz <ud> pad ašauu°īh [ud][126] druvandīh .·.

tout comme il est dit clairement dans la Dainā (= dans l'Avesta) qu'Anāxšti (= «discorde») sera vaincue par Āxšti (= «concorde»), Arāti (= «avarice») par Rāti (= «générosité»), Tarah-mati (= «mépris») par Aramati (= «déférence»), Miθah-uxta Vac (= «parole prononcée de façon défectueuse») par Ṛžugda Vac (= «parole prononcée de façon rectiligne»), Druj (= «dysfonctionnement») par Ṛta (= «harmonie») et Drugvasta (= «statut de qui est accompagné du

---

116 TD *zlyc|* est à corriger en ˣ*z'lyc|*.

117 GT druz ; TD *dlvcn.*

118 Cf. Yt 3.8,11,15. Le statut authentiquement adjectif du mot justifie l'eżāfe qui le précède.

119 GT mēnōg ; TD *mynvd.* L'eżāfe qui suit ne se justifie pas.

120 Voir Pirart, JA 291, 2003, 121.

121 Avec GT.

122 Avec GT.

123 GT rāst-gōvišnīh [pad].

124 GT drō-gōvišn.

125 GT <pad>. La syntaxe exige la récurrence de ud.

126 Avec GT.

dysfonctionnement») par R̥tavasta (= «statut de qui est accompagné de l'harmonie»).

Ce passage des VZ s'avère contenir deux listes d'adversaires :

Ahura Mazdā	↔ Ahra Manyu
Vahu Manah	↔ Aka Manah
R̥ta Vahišta	↔ **Indra**
Xšaθra Variya	↔ Sarva
Spantā Aramati	↔ **Nāhaθya**
Harvatāt + Amr̥tatāt	↔ Tūrvi + Zarianc
Gauš Ruvan	↔ le Draujana Vr̥kaciθra
le Mānyava de l'accélération	↔ la faiblesse des vieux
Āxšti	↔ Anāxšti
Rāti	↔ Arāti
Aramati	↔ **Tarah-mati**
R̥žugda Vac	↔ Miθah-uxta Vac
R̥ta	↔ **Druj**
l'ensemble des r̥tavan	↔ l'ensemble des drugvant

La première liste se caractérise par l'extension qui en est faite de sept à neuf entrées[127]. Si le principe numérique de cette extension se retrouve ailleurs, il n'en va pas de même des entrées supplémentaires choisies.

La seconde n'a pas le même statut que la première, car Zādsparam paraît avoir donné la seconde comme argument de preuve de la première quand il dit ciyōn paydāg pad dēn «dans la mesure où il est manifeste dans la Dainā que ...». Nous pouvons constater que les deux listes, tout au plus, ne partagent qu'une paire d'antagonistes, Aramati contre Tarah-mati pour autant que Nāhaθya soit bien un nom de Tarah-mati comme

[127] Les premiers chapitres du *Yasna* se livrent eux aussi à une augmentation du nombre des Amr̥ta Spanta en leur adjoignant Gauš Taxšan, Gauš Ruvan et Ātr̥ (voir Kellens 2006b : 12 sq.).

l'affirment quelques passages pehlevis. D'autre part, nous voyons que, dans la première liste, l'adversaire de Ṛta est Indra quand, dans la seconde, c'est Druj[128]. En nous faisant noter que la seconde figurait dans l'Avesta, peut-être Zādsparam voulut-il dire que ce n'était pas le cas de la première. Je ne puis l'affirmer pleinement, mais il n'est pas mince de voir que, de fait, dans les textes avestiques conservés, il n'existe de listes d'adversaires que du type de la seconde, en Y 60.5[129] et en Yt 19.95-96[130] :

vainīt̰ ahmi nmāne V *sraošō asruštīm*[131] V *āxštiš anāxštīm* V *rāitiš arāitīm*[132] V *ārmaitiš tarōmaitīm*[133] V *aršuxδō vāxš miθaoxtəm vācim* V *aṣ̌a drujəm*[134] .·.

Puissent, dans cette maison, Srauša (= le dieu «déclamation») vaincre Asrušti (= «impossibilité de

---

[128] À l'instar de la situation védique (e. g. RS 2.23.17d). La traduction pehlevie du Y 48.1 glose aṣ̌aii°īh druj° vaned par aš°vahišt° indr° (voir Panaino 2004 : 86 n. 38).

[129] Texte avestique : Geldner 1886-1895 : I 210.

[130] Sans doute l'octosyllabisme de ces lignes garantit-il l'antiquité du passage. Texte avestique : Geldner 1886-1895 : II 257 sq. [G]; texte avestique et traduction allemande : Hintze 1994 : 390 sqq. [Hi] ; texte avestique et traduction anglaise : Humbach & Ichaporia 1998 : 60 [HI]. Les corrections sont effectuées par rapport à G.

[131] Cf. Y 10.16.

[132] Cf. RS 6.16.27d.

[133] Cf. Y 33.4.

[134] G *aṣ̌a.drujəm*. Si, dans le syntagme, *aṣ̌a* est mis pour l'accusatif, c'est en raison de son statut de citation du premier hémistiche d'un vers gâthique perdu dont le reflet se reconnaît aussi dans Yt 19.95.4a et dont des parallèles existent à l'intérieur du corpus gâthique conservé : Y 31.4ac' ... *aṣ̌əm zəuuīm ... yehiiā*[1] *vərədā vanaēmā drujəm* «Ṛta qu'il convient d'invoquer et de qui la croissance doit nous permettre de vaincre Druj» ; Y 44.14bb' *kaθā aṣ̌āi drujə̄m diiąm zastaiiō* «Comment puis-je livrer Druj aux mains de Ṛta?». **Note :** [1]. L'antécédent de *yehiiā*, contrairement à ce que Kellens et moi avons écrit (1988-1991 : I 113 et III 63), doit être *aṣ̌əm* si tenons compte du composé védique *ṛtāvṛ́dh-*.

déclamer»), Āxšti vaincre Anāxšti, Rāti vaincre Arāti, Aramati vaincre Tarah-mati, Ṛžugda Vac vaincre Miθah-uxta Vac et Ṛta vaincre Druj! ;

[95.] *aŋhe haxaiiō frāiieṇte*[135] V *astuuaṱ.ərətahe vərəθraγnō* V *humanaŋhō huuacaŋhō* V *huśiiaoθnåŋhō huδaēna* V *naēδa.ciṱ* ˣ*miθō.vacaŋhō* [136] V *aēšąm* ˣ*x*ᵛ*aēpaiθe* [137] *hizuuō* ∴ [138] *aēšu parō frānāmāite* V *aēšmō* ˣ*xruuī.druš*[139] *dušx*ᵛ*arənå* ∴ [140]*vanāṱ aša akąm drujim* V *yąm dušciθrąm* ˣ*təmaŋ*ᵛ*haēnīm*[141] ∴ [96.] ˣ*vaēnāite*[142] *akəmciṱ manō* V *vohu manō taṱ vanaiti* ∴ ˣ*vaēnāite*[143] *miθaoxtō*[144] <*vāxš*>[145] V *ərəžuxδō vāxš təm vanaiti* ∴ †*vanāṱ hauruuåsca amərətåsca* V ˣ*uua*[146] ˣ*šuδəmca*[147]*taršnəmca*†[148] V *vanāṱ hauruuåsca amərə-*

---

[135] ˣ*frāiieiṇti* Hi.

[136] Avec Pirart 1995 : 553 sq., contre G *miθō.aojåŋhō* ; Hi ˣ*miθō.-aojaŋhō* ; HI ˣ*miθō.vaox*ᵛ*åŋhō* (avec Skjærvø, JAOS 117, 1997, 145-147).

[137] G, Hi, HI *x*ᵛ*aēpaiθiia*.

[138] Emploi diascévastique de *aēšu parō* pour ***aēibiiō pairi*?

[139] G *xruuidruxš* ; Hi ˣ*xruui.druš* ; HI ˣ*xruuidruš* (avec Bartholomae 1904 : col. 540).

[140] Cf. Yt 1.28.1.

[141] D'après l'indien *tamasvinī-*, contre G, Hi, HI *təmaŋhaēnīm*.

[142] Le subjonctif présent étant attendu, contre G *vanaiti* (suivi par Kellens 1984 : 104) et Bartholomae ˣ*vanaite* (1904 : col. 1351, suivi par Hi et HI).

[143] Le subjonctif présent étant attendu, contre G *vanaiti* (suivi par Kellens 1984 : 104) et Bartholomae ˣ*vanaite* (1904 : col. 1351, suivi par Hi et HI).

[144] Avec Pirart 1995 : 553 sqq., contre HI ˣ*miθaoxδō*.

[145] Avec Hi et HI.

[146] Avec G, Hi et HI, contre les mss. qui donnent *auua*.

[147] Avec G, Hi et HI, contre les mss. qui donnent *suδimca*.

[148] = Yt 9.10b. Les deux octosyllabes †...† sans doute ont-ils remplacé les mots pour «Šuda et Tṛšna deviendront visibles». Kellens (1974 : 368) considère que l'attestation du nominatif sg. *šuδō* ... *taršnō* en V 7.70 est secondaire et qu'il faut poser un thème *šud-* de nom-racine en conformité avec le védique *kṣúdh-*. Or la thématisation, pour aboutir à l'octosyllabe, me

tā̊sca V *ˣaγa*[149] *ˣšuδəmca*[150] *taršnəmca* .·. *ˣfrānāmāite*[151] *ˣdužuuarštāuuarəš*[152] V *aŋrō mainiiuš* *ˣaxšaiiamnō*[153] .·.

[95.] Sur cette (terre) avanceront les compagnons d'Astvat-r̥ta[154], lui qui sera capable de briser les obstacles (démoniaques), eux qui auront des pensées bonnes, des paroles bonnes et des gestes bons, qui auront une religion bonne. Et leurs propres langues ne se tromperont pas de paroles. Devant eux fuira Išma à la sanglante javeline et au mauvais hvarnah. (Astvat-r̥ta,) au moyen de R̥ta, vaincra la funeste et ténébreuse Druj aux mauvaises caractéristiques[155]. [96.] Aka Manah («la pensée mauvaise») deviendra visible[156] : Vahu Manah

---

paraît difficilement critiquable : ... *yezica hē hąm tafnō*[1] *jasāt̰* V *auui* [2]*tanuiie zōišnuiie*[2] V *yezica hē duua yaska* V *auui*[3] *acištō*[4] *ājasāt̰*[4] V *yasca šuδō yasca taršnō* V *xᵛarāt̰ aēša nāirika āpəm* .·. «Quand la fièvre s'empare de son corps frissonnant ou que l'atteignent ces deux maux si sévères que sont faim et soif, cette femme pourra-t-elle prendre de l'eau?». Si nous prenons en considération que le védique *tŕ̥ṣṇā-* est l'abstrait dérivé par féminisation et remontée de l'accent de **tr̥ṣṇá-* «sec, assoiffé» et que *šuδa-* pourrait être analysé comme participe en °*a-* du thème d'aoriste[5], les deux noms démoniaques devraient avoir le sens littéral de «l'affamé et l'assoiffé». **Notes :** [1]. Fautif pour *ˣtafnuš*. ||| [2]. Mis pour l'accusatif (lo. tanuvam zaišnuvam). ||| [3]. Mis pour lo. yah. Il est fréquent de trouver *auui* mis pour une forme du pronom relatif (e. g. Yt 8.51e, 8.53e, 10.8d, 10.47.2d, 10.48.1c, 10.134.1a,2a,4a, 14.41.2a, 14.62.2efgh). Nous devons la découverte de cette anomalie à Hale, IIJ 36, 1993, 39. ||| [4]. Mis pour le duel. ||| [5]. Cf. AVŚ 2.29.4d *mā́ kṣudhan mā́ tr̥ṣat.*

149 G, Hi et HI *ayəm.*

150 Avec G et HI, contre les mss. qui donnent *saoδəmca.*

151 Avec Kellens (1984 : 257), Hi et HI, contre G *frānāmāiti.*

152 Avec les mss. qui donnent *dužuuarštāuuariš,* contre G, Hi et HI *ˣdužuuarštāuuarš.*

153 Avec Hi et HI, contre G *axšiiamanō.*

154 Un des trois fils qui naîtront de l'âme-moi de Zaraduštra.

155 Autrement dit : relative à la pensée mauvaise, à la parole mauvaise et au geste mauvais.

156 Cf. VZ 35.35d.

(«la pensée bonne») le vaincra. La parole fautive deviendra visible : la parole qui jouit d'une prononciation rectiligne la vaincra. *Faim et soif deviendront visibles* : Haurvatāt et Amr̥tatāt vainqueront les funestes (démons) faim et soif. Ahra Manyu aux gestes mal exécutés fuira, dépourvu qu'il sera de tout pouvoir.

Comparaison entre Y 60.5 et VZ 35.38 :

Srauša ↔ Asrušti	
Āxšti ↔ Anāxšti Rāti ↔ Arāti Aramati ↔ Tarah-mati R̥žugda Vac ↔ Miθah-uxta Vac R̥ta ↔ Druj	Āxšti ↔ Anāxšti Rāti ↔ Arāti Aramati ↔ Tarah-mati R̥žugda Vac ↔ Miθah-uxta Vac R̥ta ↔ Druj
	le statut de r̥tavan ↔ celui de drugvant

Comparaison entre Y 60.5 et Yt 19.95-96 :

Srauša ↔ Asrušti	les Saušyant ↔ Išma
Āxšti ↔ Anāxšti	
	R̥ta ↔ Druj
Rāti ↔ Arāti	
	Vahu Manah ↔ Aka Manah
Aramati ↔ Tarah-mati	
R̥žugda Vac ↔ Miθah-uxta Vac	R̥žugda Vac ↔ Miθah-uxta Vac
	Harvatāt+Amr̥tatāt ↔ Šuda+Tr̥šna
R̥ta ↔ Druj	

Nous ne pouvons écarter que la correspondance que la première liste de VZ établit entre les adversaires soit de ce fait le fruit d'une spéculation médiévale ni qu'il faille en déduire que la place que nos démons se voient attribuer en face des Amr̥ta Spanta fût secondaire : Indra ne serait pas l'authentique adversaire de R̥ta. En outre, si nous faisons la somme de toutes les données avestiques éparses, il est possible de reconstruire la liste des antagonismes anciens comme suit :

Fonctions duméziliennes	Antagonismes
I	Vahu Manah ↔ Aka Manah Ṛta Vahišta ↔ Druj
II	Xšaθra Variya ↔ --- (ou Āxšti ↔ Anāxšti ?)
F et III	Spantā Aramati ↔ Tarah-mati Harvatāt ↔ Tṛšna Amṛtatāt ↔ Šuda[157]
	Ṛžugda Vac ↔ Miθah-uxta Vac Srauša ↔ Asrušti (ou Išma)

3.3. Les limites de la liste des Daiva Mazaniya

Le vingt-septième chapitre de la Zand-āgāhīh[158] (ZA 27) nous définit plus de cinquante démons[159]. Ce chapitre s'avère être un texte de grande valeur pour les multiples notes qu'il contient à propos de chacun des démons et les informations parfois bien généreuses qu'il donne à leur sujet. Véritable catalogue d'échantillons concernant les démons qui nous intéressent — disons depuis le premier, Aka Manah, jusqu'au neuvième, Miθah-uxta — et dont les définitions occupent bonne partie (ZA 27.5-15) du passage (ZA 27.5-52), la Zand-

---

[157] Dans le Dk 3.316,374 (voir de Menasce 1973 : 301, 306), Āzi, aidé de Šuda et Tṛšna, combat Harvatāt+Amṛtatāt.

[158] La Zand-āgāhīh «information tirée de la traduction (pehlevie de l'Avesta)», l'un des livres pehlevis les plus importants, est connu aussi sous le titre de Bundahišn «Installation originelle». Sur les autres témoignages que la ZA nous offre à propos des Daiva qui nous intéressent, voir l'Appendice E.

[159] Nous ne savons exactement comment les compter si sont rassemblés parfois deux, trois ou quatre démons et que, d'autres fois, il est fait état de groupes. Il n'est pas exclu que la liste puisse être réduite à 33 entrées, mais ceci mériterait une étude que, pour son poids, je n'ai pas voulu mener.

āgāhīh montre une générosité accumulative sans pareille puisqu'elle fait de temps à autre des pauses pour ouvrir des parenthèses ou synthétiser ce qui a été dit : après les respectives définitions (ZA 27.5-8) d'Aka Manah (ZA 27.5), d'Indra (ZA 27.6), de Sarva (ZA 27.7) et de Nāhaθya (ZA 27.8), une parenthèse est ouverte (ZA 27.9) dans laquelle un passage de l'Avesta perdu est cité qui mentionnait exclusivement Indra, Sarva et Nāhaθya. Ensuite le cours normal des définitions reprend avec celle de Tūrvi (ZA 27.10), mais la parenthèse que nous trouvons à sa suite (ZA 27.11) et qui consiste en une nouvelle citation de l'Avesta perdu nous indique que la définition donnée de Tūrvi doit être en réalité celle de Zarianc suite à la perte d'une partie de la phrase. Avec les deux paragraphes suivants (ZA 27.12-13), nous ne revenons pas au cours normal du texte puisque, dans un premier temps, une synthèse est donnée de tous les paragraphes antérieurs en disant que ces six démons, selon l'Avesta, sont les plus grands, les principaux ou les Mazaniya, les autres n'étant jamais que leurs collaborateurs et que, dans un second temps (ZA 27.13), il est fait la citation d'un autre passage de l'Avesta qui, cette fois-ci, concerne le seul Tūrvi. Le texte, avec les trois paragraphes suivants (ZA 27.14-16), explique respectivement ce que sont les démons Tarah-mati, Miθah-uxta et Arška avant d'ouvrir plusieurs parenthèses qui concernent principalement Išma (ZA 27.17-21) et de poursuivre avec les définitions d'autres démons (ZA 27.22 sqq.).

Il est bien clair que nous sommes en présence d'une abondance de données, quantité d'informations dont Dumézil, inexplicablement, n'a tiré aucun profit. Nous ne pouvons dire qu'il ignorait ce texte, car il devait l'avoir sous la main. En réalité, à propos d'Indra, de Sarva et de Nāhaθya ou à propos de Tūrvi et de Zarianc, il surprend que Dumézil occulte, consciemment ou non, tout le riche et explicite ensemble de la littérature pehlevie que, par ailleurs, il n'hésite pas à prendre en considération. Mystère inquiétant, car ce n'est pas la première fois que je vois comment Dumézil oriente ses conclusions en omettant, écourtant ou taisant des données. Voici ce que ZA 27.5-17 nous apprend[160] :

akō.man°[161] kār ēn kū vattar-mēnišnīh <ud>[162] anāštīh ō dāmān dādan

L'action d'**Aka Manah** consiste à implanter dans les dāman (= les êtres) la pensée mauvaise et la discorde.

indr°[163] <ī> dēv kār ēn kū menišn ī dāmān az frārōnīh kardan ōvōn afsāred ciyōn snēxr [ī][164] xūb-afsarddar <ud> ēn ō menišn ī mardōmān[165] ˣabgandan[166] kū šabīg ud[167] kustīg nē abāyed dāštan

L'action du Daiva **Indra** consiste à éloigner de l'utile les esprits des dāman — il (les) congèle (= ankylose, abrutit) de la même manière que le gel arrive à tout congeler — et à inspirer à la pensée des humains l'idée qu'il n'est nécessaire de porter ni chemise ni ceinture rituelles.

---

[160] Les corrections sont faites par rapport à l'édition de B. T. Anklesaria 1956 : 234 sqq. [BTA]. Le passage commence à la ligne 15 du folio 211v du ms. DH (Khanlari 1971), à la ligne 9 du folio 76v du ms. TD1 (Khanlari 1970) et à la ligne 8 de la page 182 du ms. TD2 (JamaspAsa & alii 1978). Dans le ms. K20 (Christensen 1931), le passage est fragmentaire, le folio 121 faisant défaut. Le folio 122r, abîmé de surcroît, commence avec ZA 27.14. Le passage est bien sûr absent des mss. K20b (Christensen 1931) et K43a (Christensen 1936a). Je ne donne d'apparat critique complet que pour les noms des démons.

[161] *'kvmn* DH, TD1, ; *'kvmn|* TD2.

[162] Avec BTA.

[163] *'ndl* DH, TD1, TD2.

[164] Avec DH.

[165] TD2 répète ici *pl'lvnyh cygn 'ps'lyt| Z̲NE OL mynšn Y mltvm'n|*.

[166] BTA abganēd (*LMYTVNyt|* DH, TD1, TD2).

[167] Avec TD1.

saur°[168] <ī> dēv {kū sālār <ī>[169] dēvān} kār ēn kū dušpādixšāyīh ud stahm ud adādestānīh[170] ud mustkārīh

L'action du Daiva **Sarva** {= le chef des Daiva}, consiste en mauvais gouvernements, en oppressions, en illégalités et en violences.

nåŋhaiθ°[171] <ī> dēv kār ēn kū ahunsandīh ō dāmān +dādan[172]

L'action du Daiva **Nāhaθya** consiste à inspirer le mécontentement aux dāman (= les êtres).

ciyōn gōvēd kū kē tis ō ān mardōmān dahed kē dād ēn kū šabīg <ud>[173] kustīg nē abāyed dāštan ēg-iš iṇdr°[174] ud saur°[175] ud nåŋhaiθ°[176] šnāyēnīd baved

C'est ce que dit (la Dainā [= l'Avesta]) : Celui qui donne quelque chose aux humains qui se passent de porter chemise ou ceinture, celui-là donne alors satisfaction à **Indra**, à **Sarva** et à **Nāhaθya**.

taur°-iz[177] <ī>[178] dēv < ... ... > ān kē zahr ō urvarān <ud> dāmān gumēzed

Le Daiva **Tūrvi** <... Le Daiva **Zarianc** ...> celui qui mêle le poison aux plantes et aux êtres.

ciyōn gōved kū taur°-iz[179] {ī tarvēnīdār} ud zāir°-iz[180] {ī zahr kardār}

---

168 *s'vl* DH, TD1 ; *s'vvl* TD2.

169 Avec BTA et TD1.

170 *'d'tst'n*$^{yh}_{\text{naōziix}}$ DH.

171 *n'yghs*$_{\text{nåzaiθ}}$ DH (avec en marge *nåŋaiθ*) ; *nāygys*$_{\text{nåkiix}}$ TD1 ; *nåŋhaiθ* TD2. Le *z* que montrent certaines graphies provient de la première partie du ductus de *ŋ*. Quant à *x*, c'est le fruit de la ligature de *iθ*.

172 Avec DH *YHBVNtn*, contre BTA dahed (TD1 *YHBVNyt|* ; TD2 *naōzaix. YHBVNyt|*).

173 Avec BTA.

174 *'ndl* DH, TD1, TD2.

175 *s'vl* DH, TD1 ; *s'vvl* TD2.

176 *n'yghš* TD1 ; *n'yghs* DH, TD2.

177 *tplyc* DH, TD1 ; *tplyc|* TD2.

178 Avec TD1.

C'est ce que dit (la Dainā) : tant **Tūrvi** {le conquérant} que **Zarianc** {l'empoisonneur}.

avēšān harv šaš **kamālīgān dēvān** gōved <kū> abārīgān ham-kār<ān> <ud>[181] ˣham-ayārān[182] hend

(La Dainā) dit que, de tous ces six **Daiva principaux**, les autres ne sont jamais que les acolytes ou collaborateurs.

<ud> ēn-iz gōvēd kū kē tis ō ōy[183] mard [184]dahēd kē gōved kū mōg[185] ēk abāyed dāštan u-š ēv-mōg-dvārišnīh pad dād nihād ēsted ēg-iš taur°-iz[186] <ī> draojin°[187] šnāyēnīd baved

(La Dainā) dit encore ceci : Celui qui donne quelque chose à l'homme qui vient dire correct de porter une seule chaussure et (affirme) que se fourvoyer avec une seule chaussure a été établi par la loi, celui-ci aussi donne alors satisfaction au Draujana **Tūrvi**.

tarō.mait°[188] <ī> dēv ān kē tar-mēnišnīh dahed

La Daivī **Tarah-mati** est l'instigatrice du mépris.

miθō.uxt°[189] <ī> dēv [ī][190] draojin° ī gumānīgīh

Le Daiva **Miθah-uxta** est le Draujana du doute.

arəšk°[191] <ī> dēv draojin° ī kēn-varīh ud duš-cašmīh

---

179 *tplyc* DH, TD1 ; *tplyc|* TD2.

180 *z'ylyc* DH, TD1 ; *z'lyc* TD2.

181 Avec BTA et TD2.

182 BTA ham-ayār ī avēšān (TD1 *hmhdyb'l Y OLEš'n* ; DH, TD2 *hmhdyb'lyh OLE'n*).

183 om. TD2.

184 Ici commence K20.

185 om. TD2 introduit ici la ponctuation ∴ .

186 *tplyc* DH ; *tplyc|* TD1 ; *tpylvc* TD2 ; *]yc* K20.

187 *dlvc*.

188 *t'lvkmt(|)* DH ; *t'lvkmt|* TD1 ; *t'lvmt|* TD2 ; *tlmt* (?) K20.

189 *mytvht|* DH, TD1, TD2 ; *mytvkht* K20.

190 Avec BTA, TD2 et K20.

191 *'lyšk* DH ; *'lšk|* TD1 ; *'lšk* TD2, K20.

Le Daiva **Arška** (= démon de la jalousie) est le Draujana de l'esprit vindicatif et de l'envie.

avēšān ham-abzār <ī>[192] aēšm°[193] <ī> dēv hend

Ceux-là prêtent main forte au Daiva **Išma**.

Observons que le texte, cette fois, ne confond pas Tarahmati et Nāhaθya, qu'Aka Manah ne reçoit ni dans ce texte-ci ni ailleurs le titre de Daiva et que, pour certains démons, il existe en plus de celui de Daiva (*ŠDYA*), le titre de Draujana (*dlvc<n>*), quoique ce soit apparemment sans système. Les définitions aussi bien que les citations nous invitent ou poussent à considérer que Nāhaθya, Tūrvi et Zarianc sont trois démons, que les deux derniers, tout unis qu'ils soient au moyen d'une coordination forte, ne constitueraient pas l'explicitation d'un original Nāhaθya duel. Quoi qu'il en soit, rassemblons à présent de façon systématique les multiples données que le texte nous offre concernant Indra, Sarva, Nāhaθya, Tūrvi et Zarianc, même si plusieurs d'entre elles, voire toutes s'avèrent être de populaires paronomases :

---

[192] Avec BTA (cf. K20 *h(www)m'pz'lyh)*.

[193] *'ydšm* TD1 ; *'yšm* DH, TD2 ; *'šm* K20.

Indra (étymologie populaire inconnue : voir 4.2)	— est un Daiva ; — ankylose la pensée ; — pousse à ne porter ni chemise ni ceinture[194].
Sarva (apparenté populairement à phl. sar «tête»)	— est un Daiva et même leur chef ; — pousse au mauvais gouvernement, à l'oppression, à l'illégalité, à la violence.
Nāhaθya (apparenté populairement à phl. ahunsandīh «mécontentement»)	— est un Daiva ; — le démon du mécontentement[195].
Tūrvi (apparenté populairement à phl. tarvēnīdār «conquérant»)	— est un Daiva et, de façon exceptionnelle, un Draujana ; — le conquérant ; — pousse à mettre une seule chaussure[196].
Zarianc (apparenté populairement à phl. zahr «poison»)	— l'empoisonneur, la cause de l'existence de plantes vénéneuses et d'animaux venimeux[197].

---

[194] Ce manquement ou péché reçoit habituellement le nom pehlevi de višād-dvārišnīh «fait de se fourvoyer sans contrainte». Sur l'obligation de la ceinture, il y a tout d'abord V 18.1 sqq.,9,21 ; sur celles de la chemise et de la ceinture, V 18.54,58. Dans le Dk 9.8.1 (voir l'Appendice C), Indra est associé à Sarva pour présider au manque de ceinture. Dans le HGS 1.4.7-8, le seul des manuels de rituel domestique védique à les donner, les *mantra* de la mise du vêtement rituel invoquent *Indra* (voir Oldenberg 1886-1892 : II 148 sq.). Pour une comparaison des ceintures rituelles iranienne et indienne, voir Roland 1971 : 161 sq.

[195] Il pourrait encore exister trace de l'ancien duel de Nāhaθya dans le Dk 3.192 qui rassemble deux entités à la manière de jumeaux démoniaques du mauvais comportement, la seconde étant ahunsandīh «le mécontentement». La première est de lecture incertaine : ērīh «la noblesse» (*'ylyh* ; «le manque d'humilité» selon de Menasce 1973 : 199), mais je soupçonne que c'est la corruption de ×agārīh «l'impuissance» (× *'k'lyh*).

[196] Les autres passages concernant le forfait que constitue le monosandalisme (ēv-mōg-dvārišnīh) sont DD 23.21, RPDD 11.2, ŠnŠ 4.12. Le Dk 9.8.1 (voir l'Appendice C) associe Tūrvi et Zarianc comme instigateurs du monosandalisme. Voir encore Williams 1990 : II 143.

La comparaison de l'action d'Indra avec le gel sans doute réside-t-elle dans le sens, inconnu, qui était populairement donné au mot *iṇdra-*, mais l'action que le démon développe sur la pensée permet de tracer un parallélisme avec le dieu védique *Indra*, car celui-ci apparaît dans les textes spéculatifs comme le dieu du *mánas* ou sens interne.

L'araméogramme *B̲YN* «entre, dedans» qui se lit andar «entre, dedans» et dont la racine est aussi celle du verbe araméen «réfléchir» convient à merveille pour noter, dans quelques manuscrits[198], le nom du démon iranien qui, congélateur des esprits, est aussi l'homologue du dieu védique *Indra* si ce dernier, dans les spéculations brāhmaṇiques, était vu comme le dieu du sens interne ou *mánas*[199] : ***'-B̲YN-l*** (iṇdr°) «(le démon) Indra».

Revenons au Dēnkard 9.31.3 :

passaxv ī ohrmazd <ī> ō avēšān kū be duždānāg dvārēd ō bun ī ān <ī> ×argand tom .·. ēdōn ašmā +harvisp +kē dēv<ān> hēd ā-tān az akō.man°-iz tōhmag kū-tān tōhmag az ānōh kū akō.man° ud varən°-iz ī abesīhēnīdār ud āz-iz ī ×anāpəš° ud ×anaš°-iz ī kō<x>šīdār <ī> dēn <ī> mēnōy [ī] aṣ̌əmaoγ°īh .·. ud frāz frēbēd mardōm gaēiθii°ī<h> pad huzīvišnīh ud amarg-ravišnīh <.·.> **ud menišn[īh] <ī> avēšān fradom be bandēd** °₀°

Ahura Mazdā leur fit cette réponse : Ignorants, fourvoyez-vous au fond de l'horrible ténèbre. Ainsi êtes-vous, vous tous les Daiva : votre origine réside dans Aka Manah, c'est-à-dire : votre origine réside là où se trouvent Aka Manah aussi bien que Varana le destructeur, que l'inexpiable Āzi, qu'Anārti qui, ennemie de Dainā, est l'allégorie de l'hérésie. Et vous frustrez beaucoup le monde humain de la vie bonne et de l'immortalité. **Et vous commencez par enchaîner sa**

---

197 Cf. DD 36.40 (voir l'Appendice B).

198 K20 et K20b pour ZA 1.55 (voir l'Appendice E).

199 E. g. ŚBM 6.1.1.2.

pensée (littéralement : en premier lieu, vous lui enchaînez la pensée ; autrement dit : le premier d'entre vous lui enchaîne la pensée).

La dernière phrase du Dk 9.31.3 faisait donc allusion à Indra[200]. L'indication me paraît des plus précieuses que le rôle joué par Indra reçoive le numéro 1 dans une liste théorique des actions des Daiva Mazaniya, les Daiva que le Maz honore : elle signifie qu'Indra est la première entrée d'une liste. En outre, si nous devions ou voulions recourir à la terminologie de Dumézil, nous dirions que c'est un démon de première fonction. Et ceci est en accord avec les deux passages du Vidēvdād. Il est tout aussi remarquable que le Y 32.3 dont traite le Dk 9.31.3 limite son autre liste à trois entrées, Aka Manah + Druj + Parimati, pour suggérer que la liste anonyme des Daiva comptait elle aussi trois entrées[201] :

[200] Cela trouve encore confirmation dans le parallélisme que la première phrase du paragraphe suivant, Dk 9.31.4.1 fradom ēd kunēd kū mardōmān menišn az tis ī frārōn be bandēd «votre première action est d'enchaîner la pensée des humains loin de la chose utile», montre avec ZA 27.6abc indr° <ī> dēv kār ēn ^{V} kū menišn ī dāmān ^{V} az frārōnīh kardan.

[201] Le caractère ternaire ou divisible par trois de leur groupe ressort aussi de l'information donnée dans certains Yašt et relayée par les livres pehlevis (e. g. Dk 7.1.18) que certains héros du passé étaient parvenus à frapper deux tiers des Daiva Mazaniya.

	Des futurs **Draujana** du Y 32.3 donnés ci-dessous,	procèdent les maux représentés par les **Daiva Mazaniya** du Dk 9.31.3 que voici
1	Aka Manah «pensée mauvaise»	le Daiva qui enchaîne la pensée [= Indra] ;
		[celui du mauvais gouvernement, Sarva] ;
2	Druj «dysfonctionnement»	[celui du mécontentement, Nāhaθya]
3	Parimati «négligence» (≈ Tarah-mati «mépris»)	

Si le Yt 3.8[202] et le Dk 3.61[203] nous garantissent que la diablesse Parimati, si ce n'est un autre nom de Tarah-mati, est tout au moins fort proche d'elle, nous pouvons dès lors comprendre l'origine de l'équivalence que plusieurs passages pehlevis établissent entre Nāhaθya et Tarah-mati : ils sont mécontentement et mépris. Pareille équivalence qui, pour sûr, n'est pas proposée ici explique généralement Nāhaθya par Tarah-mati[204].

Comme la triade Aka Manah + Druj + Parimati comporte deux termes faisant référence à la pensée et qu'Indra est un Daiva de la pensée, nous comprenons mieux aussi pourquoi le Yt 10.68.3 donne le nom de Daiva Mānyava «démons inféodés à la (mauvaise) opinion» aux Daiva Mazaniya.

Continuons l'examen du tableau qui résume ou synthétise la Zand-āgāhīh 27 : la figure de Tūrvi qui pousse les humains au monosandalisme peut correspondre à la négation de l'idée que nous avons vue exprimée dans RS 6.50.10d : il était demandé aux *Aśvin* de nous sauver du mauvais pas. Il faut encore tirer argument de l'existence du dvandva duel *Indra-Nāsatya* dans lequel *Indra* occupe la place de l'un des deux *Aśvin*, selon toute probabilité la place de celui des deux qui est à mettre en regard du démon iranien Tūrvi, car, dans les

202 Voir Pirart, JA 291, 2003, 120.

203 Voir de Menasce 1973 : 68.

204 La ZA 34.27 fait l'inverse en expliquant Tarah-mati par Nāhaθya.

hymnes védiques, le verbe *tū́rvati* peut aussi avoir *Indra* comme sujet grammatical, e. g. RS 8.99.6d :

> *vṛtrám̐ yád indra tū́rvasi*
> Indra, lorsque tu surmontes Vṛtra.

De telles définitions nous permettent de voir que l'ordre de succession des trois fonctions duméziliennes serait respecté quand bien même la troisième apparaîtrait avec trois noms.

L'antagonisme que Sarva maintient avec Xšaθra Variya est parfaitement lisible : le mauvais gouvernement s'oppose à la bonne influence que, par le biais des rites, le roi arrive à exercer sur Ahura Mazdā en faveur du peuple.

La raison pour laquelle une série démoniaque put en remplacer une autre reste inconnue, mais nous pouvons en discerner quelques rouages sur base de la comparaison des trois Draujana du Y 32.3 avec les Daiva Mazaniya. Observons que, dans la VZ 35, trois termes de la vieille liste ont survécu dans la nouvelle : d'une part, Aka Manah et Miθah-uxta Vac n'ont pas bougé et, d'autre part, Tarah-mati a été donné pour un synonyme de Nāhaθya.

Pour interpréter à tout prix les entrées supplémentaires en termes duméziliens, nous dirons que ces dieux et démons sont les artisans. L'art du poète se compare souvent avec celui du charron, car le poème, en Inde, est le char des dieux védiques. Il dut se produire, à un certain moment de la tradition zoroastrienne, la confusion ou l'assimilation partielle de deux ensembles démoniaques : les Daiva Mazaniya que sont Indra, Sarva et les Nāhaθya Tūrvi et Zarianc (ou Indra, Sarva, Nāhaθya, Tūrvi et Zarianc) auraient été confondus avec les Draujana, les anciennes entités qui, opposées aux Amṛta Spanta, tirent leur nom catégoriel de celui de la plus insigne d'entre elles, la diablesse Druj, de la même façon que Ṛta Vahišta, la seule entité vieil-avestique à les recevoir, devait ensuite partager les épithètes Amṛta Spanta «immortel et savant» avec les autres entités positives.

Revenant en arrière et examinant à nouveau le Vidēvdād 10, nous pouvons voir que la confusion n'existait pas dans l'Avesta :

Ahra Manyu Druj	les Draujana
Indra Sarva Nāhaθya, Tūrvi et Zarianc	les Daiva Mazaniya
Išma Agataxša les Varaniya †*vātīm*	d'autres Daiva

Dès lors, l'indication de Zādsparam qui nous invitait à penser que seule la seconde liste figurait dans l'Avesta (VZ 35) apparaît bien précieuse et s'inscrit clairement dans le processus de la confusion. Pour connaître quelle situation prévalait à l'époque la plus ancienne, dans les Gāθā, nous disposons donc de la fameuse strophe Y 32.3 dont les premiers vers furent la source d'inspiration du Dk 9.31.3, mais qui établit une différence entre les Vispa Daiva, le Maz que leur rend un culte et la série Aka Manah + Druj + Parimati. Il me paraît assez clair que la désignation de ce sacrifiant énigmatique, le Maz, nous offre la clé du nom de Mazaniya que reçoivent nos Daiva[205]. Dès lors, les Vispa Daiva gâthiques, au moins en partie, seraient les mêmes et devraient déjà être distingués du groupe des futurs Draujana.

Si Jean Kellens et moi-même[206] nous avons eu raison de traduire maz-, dont l'étymon ie. **még̑H_2*- est aussi celui du grec *mégas*, par «chef» et de considérer que ce pourrait être un titre politique, nous devrions traduire mazaniya- par «appartenant au

[205] Pirart 2006a : 128 n. 145.

[206] 1988-1991 : I 31, 119 ; III 82 sq. Cf. Kellens 1994 : 81 n. 27.

chef ou liés à lui». La traduction pehlevie que le Dk 5.0 et la ZA 27.12 donnent de *māzainiia-*[207] ne l'empêche pas puisque kamālīgān, littéralement «ceux de la tête», pourrait parfaitement signifier «honorés par les autorités politiques» au lieu de «principaux». Les partisans de l'idée qu'il y eut réforme et que cette réforme fut la traduction d'un conflit opposant les premiers zoroastriens au pouvoir politique tireront avec facilité du fait que le Maz adorait des Vispa Daiva[208] dans lesquels nous pourrions reconnaître nos démons argument que les dieux iraniens, avant la soi-disante réforme, auraient été effectivement bien plus proches des dieux védiques, y compris par leurs noms. Néanmoins, je me refuse ici à prendre parti sur ce terrain si mouvant des origines du zoroastrisme, car la donnée, à mes yeux, reste par trop maigre — Que savons-nous de ce Maz? Qui était-il? — pour que des conclusions si lourdes en soient tirées.

---

[207] L'Avesta récent ne nous offre guère de renseignements sur les Mazaniya : l'un des premiers rois de la terre, Hušianha, parvint à en vaincre les deux tiers (Yt 5.22.4, 9.4.2, 15.8.3, 19.26.3) ; ils sont associés aux Varaniya Drugvant (Yt 5.22.4, 13.137.4, 15.8.3, 19.26.3) ; figurent dans les listes suivantes : Ahra Manyu + Išma + les Mazaniya Daiva + les Vispa Daiva (V 10.16), Ahra Manyu + Išma + les Mazaniya Daiva + les Vispa Daiva accompagnés des Varaniya Drugvant (Y 27.1) ; Srauša lutte contre eux (Y 57.17) ; ils sont encore mentionnés dans le V 17.9-10. Le Dk 9.1.17 sqq. les décrit comme des géants, ce qui conduit Hintze (1994 : 164 sqq.) à traduire leur nom par «riesig». La relation qu'ils entretiennent avec la province du Māzandarān (cf. e. g. DD 36.31) pourrait être secondaire (Hintze 1994 : 165 sq. ; Humbach & Ichaporia 1998 : 100). La graphie *māzainiia-* avec syllabe longue initiale est justifiée par une vr̥ddhi chez Bartholomae (1904 : col. 1169, suivi par Hintze 1994 : 164), mais je préfère y voir un fait secondaire, imputable à la prononciation liturgique médiévale, le suffixe lo. -iya- n'exigeant en rien cette vr̥ddhi. En outre, les mss. des textes pehlevis sont fort hésitants sur la longueur de cette syllabe.

[208] Les Vispa Daiva de l'Avesta récent sont parfois les Vispa Daiva Mazaniya (Yt 9.4.2), les Vispa Hixra Daiva (Yt 8.44.3), les Vispa Mānyava Daiva accompagnés des Varaniya Drugvant (Yt 10.68.3). Lorsque ce n'est pas spécifié (Y 27.1, 57.18, V 10.16), il est pourtant remarquable que les Vispa Daiva figurent alors au voisinage assez immédiat des Mazaniya.

Quoi qu'il en soit, ajoutons que, comme contrepartie de ces Daiva que le Maz adorait selon des modalités représentées par les Draujana Aka Manah, Druj et Parimati, il devait exister, dès la strate gâthique, un ensemble de dieux positifs que Zoroastre considérât dignes des honneurs sacrificiels, autrement dit : les futurs Yazata[209].

---

[209] Le mot Ahura «roi» (Pirart, Ollodagos 11, 1998, 201 sqq.), quant à lui, sans doute n'a-t-il jamais été la désignation catégorielle d'un groupe de divinités iraniennes vu la variété de ses emplois tant en vieil-avestique qu'en avestique récent : dans les Gāθā, au sg., il désigne Mazdā, peut-être Ātr̥ (Y 33.5, 43.3, 51.3, 53.9), un être humain (Y 31.10) ou Zaraduštra (Y 53.9) ; au pluriel, certains dieux non spécifiés (Y 30.9, 31.4) parmi lesquels se trouve Mazdā (Y 30.9 paraît exclure R̥ta) ; dans l'Avesta réc., au sg., Mazdā, Miθra, Br̥zant ou un roi humain ; au plur., des rois humains. Si aucune désignation catégorielle des dieux ne paraît attestée en vieil avestique et que les mots yazata- et amr̥ta- spanta- ne se figeront dans cet usage que plus tard, il reste que les catégories elles-mêmes devaient exister : c'est ce qui ressort notamment de l'analyse du Y 32.3 où les démons n'ont pas tous le même statut. Nous ne savons pas quels étaient les *Yazata des Gāθā quoique des éléments laissent penser que Miθra devait être l'un d'eux si son nom y est attesté, certes employé au pluriel, dans un contexte positif : Y 46.5 *yə̄*[1] *vā xšaiiąs* V *adąs drītā aiiaṇtəm* V *uruuātōiš*[2] *vā* V *huzə̄ṇtuš*[3] *miθrōibiiō vā* V *rašnā*[4] *juuąs* V *yə̄ aṣ̌auuā drəguuaṇtəm* V *vīcirō hąs* V *tat̰ frō xᵛaētauuē mruiiāt̰* V +*uzūiθiiō*[5] *īm* V *mazdā xrūniiāt̰ ahurā* ∴ «Celui qui, muni de la bonne génération[3], cherche à écarter l'agresseur de la maison, de la *uruuāiti* ou des *miθra* au moyen de l'exercice de l'influence rituelle que lui donnent (sur les dieux) son fait de mener une vie exemplaire et sa capacité de distinguer le drugvant du r̥tavan, doit proclamer ceci à la famille (de cette maison) : Puisse, Ahura Mazdā, (ton fils le feu) Āuzzuθya rendre exsangue l'(agresseur) !». **Notes :** [1]. Le sujet du verbe de la proposition principale, une apodose (d') introduite par *tat̰*, est constitué d'une proposition subordonnée (a-d) introduite par le pronom relatif *yə̄* dans laquelle l'antécédent *huzə̄ṇtuš* se trouve accompagné de trois extensions participiales (a, c, c'-d). Le verbe de la proposition principale *frō ... mruiiāt̰* régit un discours direct (ee'). Son mode, l'optatif prescriptif, explique en partie celui de la subordonnée, puisque, si n'avait pas existé l'optatif de la principale, le verbe de la subordonnée eût figuré au subjonctif votif. Le verbe subordonné *a*° ... *drītā* régit un accusatif *aiiaṇtəm* et

Dès lors, le démon Indra était l'adversaire attitré non de l'Amr̥ta Spanta appelé R̥ta Vahišta, mais d'un Yazata. Quel Yazata? Aucun texte ne l'expose. Et nous pouvons tenir des propos similaires concernant Sarva ou les Nāhaθya Tūrvi et Zarianc : ils devaient être, primitivement, donnés pour les adversaires bien plutôt de certains Yazata que de Xšaθra, d'Aramati, de Harvatāt et d'Amr̥tatāt.

---

trois ablatifs coordonnés par *vā* ... *vā* ... *vā*, parmi lesquels seul le sens du premier °*dąs* peut être assuré tandis que du second nous ignorons jusqu'à la morphologie et que le troisième coïncide pour la forme avec le pluriel du théonyme *Miθra-*. Quoique ce dernier ne puisse avoir le sens du théonyme pour devoir être un pur appellatif au même titre que °*dąs* «de la maison», il est pourtant fort clair qu'il représente une donnée de signe positif pour que puisse former un contraste avec lui un terme aussi marqué négativement que *aiiaṇtəm* «l'agresseur». Le signe positif qu'arbore le mot *miθra-* dans le passage empêche, me semble-t-il, qu'un être surnaturel négatif du même nom eût pu exister à époque archaïque. ||| [2]. Ablatif sg. de *uruuāiti-*, mot de sens inconnu, devant compter trois syllabes. ||| [3]. La génération à laquelle fait allusion cette épithète du sujet est l'installation du rite, l'entrée dans le sacré : les *Brāhmaṇa* disent *dīkṣita-*. ||| [4]. Instrumental sg. (avec les traductions médiévales) de **raziman-* masc. «degré de rectitude ou de droiture» comme le véd. *mahnā́* est l'instr. sg. de *mahimán-* masc. «grandeur». ||| [5]. Contre G *uzūiθiiōi* (suivi par Kellens & Pirart 1988-1991 : I 159 ; III 203 sq.). C'est le nominatif masc. sg. (avec les traductions médiévales) de l'adjectif dérivé par vr̥ddhi (régulièrement invisible pour *u*°) de la syllabe initiale et thématisation en °a- du dérivé en -ti- de *us+√ zu «offrir en sacrifice» (cf. l'andronyme av. *uzauua-* du Yt 13.131 et le scr. *uddhava-* masc. «feu sacrificiel»).

4

CONCLUSIONS ET PERSPECTIVES

4.1. Les difficultés de la comparaison

Même si l'Indra démoniaque iranien et ses deux ou trois acolytes Sarva et Nāhaθya portent des noms identiques à ceux de divinités indiennes, nous ne pouvons affirmer que leur série coïncide parfaitement avec une série indienne puisque, tout d'abord, celle-ci n'existe pas et que, de toute façon, l'Indra démoniaque se différencie assez de l'*Indra* védique. Dès lors, il reste difficile de soutenir l'idée que l'Iran, avant que Zoroastre l'eût changé ou condamné, aurait connu un panthéon identique à l'indien, aussi ancien celui-ci soit-il, ou au mitannien.

De toute manière, l'idée que semblable panthéon prézoroastrien eût fait l'objet d'un changement radical ne tient compte ni des données scythiques, qui peuvent nous obliger à le relativiser, ni de l'existence de dieux zoroastriens comme Aspin qui portent un même nom que des dieux indiens. Cet Aspin[210], par exemple, est l'homologue des *Aśvin* védiques tandis que le nom démoniaque iranien Nāhaθya correspond exactement à l'autre nom, *Nāsatya*, de ces mêmes *Aśvin* :

Iran	Inde
Nāhaθya (-) Aspin (+)	*Aśvin* (+) = *Nāsatya* (+)

Dans le cas de l'*Indra* védique, il n'y a pas non plus correspondance exacte : l'*Indra* dieu du *mánas* («le sens interne, le mental, la pensée») est la version positive de l'Indra

[210] Le Sīh-rōzag range le dvandva Aspin+Yavin parmi les collaborateurs d'Amṛtatāt (voir Pirart 2006a : 29).

démoniaque iranien tandis que l'*Indra* védique porteur du foudre a pour reflet iranien l'un des aspects de Miθra :

Iran	Inde
Indra (-)	*Indra* dieu du *mánas* (+)
Miθra porteur du vazra (+)	*Indra* porteur du *vájra* (+)

4.2. L'étymon d'Indra

[211] Si nous voulons explorer l'idée que les démons iraniens porteurs d'un même nom que des dieux védiques comme *Indra*, *Śarva* et *Nāsatya* ne fussent les victimes d'aucune réforme zoroastrienne, mais qu'ils fussent bien plutôt hérités tels quels de la préhistoire iranienne, autrement dit : que la différence de signe à leur endroit fût constitutive des Iraniens et des Indiens et que doive être critiqué, en mythologie comparée comme ce le fut en linguistique comparative, pour la présentation des faits rapprochables, l'adoption d'un modèle inspiré de l'arbre généalogique, pour ce faire, nous devons, bien évidemment pour que tout aille au mieux et sans accrocs, nous assurer que le sens étymologique des théonymes ou démononymes sus-mentionnés ne préjuge en rien du caractère positif ou négatif inhérent de tels personnages mythiques. En effet, il serait pour le moins mal venu et difficile à justifier qu'un vocable de sens intrinsèquement favorable visât d'emblée un démon intrinsèquement défavorable. Nous avons ainsi à nous pencher de façon résolue sur les étymons d'*Indra*, de *Śarva* et de *Nāsatya* et à en faire une analyse aussi approfondie que possible.

Je suis certes loin d'être le premier à m'intéresser à l'étymologie d'*Indra* : mes prédécesseurs sont fort nombreux, et, depuis bien longtemps, il s'est installé la pratique convenue ou de bon aloi, à laquelle, pour sûr, je ne sacrifierai pas, de

---

[211] Cette partie correspond à une communication faite devant l'Association belge d'Indologie le 25 mai 2007 à Mariemont (Morlanwelz).

faire le recueil stérile de toutes celles qui ont été proposées. Dans l'Antiquité, *Yāska*[212] est l'exemple qui n'en rassemble pas moins de quatorze, mais, comme on sait, au pays de l'étymologie indienne, le calembour est roi ; à l'époque médiévale, *Sāyaṇa*[213] qui se fait l'élève de *Yāska* pour expliciter la sèche liste d'étymons que ce dernier s'était limité à dresser ; de nos jours, Uma Chakravarty[214] qui a la gentillesse de passer en revue quelques treize étymologies modernes du nom d'*Indra*, la plupart plus folles et ingénieuses les unes que les autres, parmi les signataires desquelles force nous est de reconnaître quelques uns des plus grands noms de la philologie védique.

Si je crois avoir pu trouver une clé vraisemblable de l'étymon d'*Indra*, c'est pour m'être plongé dans les textes iraniens, pehlevis pour la plupart, qui traitent du démon Indra. En effet, c'est en ayant à l'esprit les données iraniennes médiévales, complètement ignorées ou négligées de Georges Dumézil, que je suis tombé, sinon sur la solution, du moins sur un indice substantiel à la lecture des faits indiens.

Rappelons donc tout d'abord les principaux renseignements que nous fournissent les textes iraniens à propos du démon Indra :

— il possède un nom que l'étymologie populaire, inconnue, rapprochait du gel (snēxr) ;

— il est un Daiva ;

— il ankylose (congèle ou enchaîne) la pensée ;

— il pousse à ne porter ni chemise ni ceinture.

La faculté que la ZA 27.6 a de comparer l'action d'Indra avec le gel sans doute réside-t-elle dans le sens qui était donné

---

[212] Nir 10.8 : *indra irāṁ dṛṇātīti v[1]erāṁ dadātīti v[2]erāṁ dadhātīti v[3]erāṁ dārayata iti v[4]erāṁ dhārayata iti v[5]endave dravatīti v[6]endau ramata iti v[7]endhe bhūtānīti vā | tad yad enaṁ prāṇaiḥ samaindhaṁs tad indrasyendratvam iti vijñāyate[8] | idaṁ karaṇād ity āgrayaṇaḥ[9] | idaṁ darśanād ity aupamanyavaḥ[10] | indater vaiśvaryakarmaṇa[11] iñ[1] chatrūṇāṁ dārayitā vā[12] drāvayitā v[13]ādarayitā ca yajvanām[14]* |. Voir Deeg 1995 : 213. **Note :** [1]. Avec Roth 1852 : 146, contre Sarup 1920-1927 : II 156.

[213] ad RS 1.3.4.

[214] 1997 : 88-92.

populairement à son nom en vertu d'une paronomase pour l'identification de laquelle nous sommes assez démunis[215], mais l'action que le démon développe sur la pensée permet de tracer un parallélisme avec le dieu védique *Indra* qui, dans les textes spéculatifs, apparaît comme le dieu du *mánas*, le dieu du sens interne.

L'emploi que font certains manuscrits pehlevis de l'araméogramme *B̲YN* «entre, dedans», qui est aussi la racine du verbe araméen «réfléchir», pour noter son nom, ***’-B̲YN-l*** «(le démon) Indra»[216], vient conforter l'idée que l'Indra iranien est un démon du fonctionnement de la pensée tout comme son homologue védique *Indra* est, dans les spéculations brāhmaṇiques, le dieu du *mánas*.

Plus d'un aspect de l'*Indra* védique, symbole ou archétype dumézilien de la deuxième fonction, paraissent relever davantage de la première. Outre son aspect dieu du *mánas*, mentionnons son statut d'adversaire du démon sacerdotal *Viśvarūpa*[217], dont le correspondant avestique, Aji Dāhaka, est l'adversaire du feu fils d'Ahura Mazdā[218].

Or, souvenons-nous-en, l'Amr̥ta Spanta qui, dans les livres pehlevis, patronne l'élément feu n'est autre que R̥ta Vahišta, précisément celui des archanges auquel la tradition pehlevie veut opposer le démon Indra. Le védique *Indra* avait-il donc été un dieu feu ou un dieu proche du feu? Ceci est, pour le moins, concevable si la RS affirme qu'*Indra* et *Agni* sont des jumeaux de mères distinctes[219]. Nous pourrions avancer que

---

[215] Puisque, très éventuellement, seul le russe индеветь «il se couvre de givre», d'étymologie inconnue ou incertaine (Vasmer 1986-1987 : II 131 ; Chernykh 1993 : I 346), pourrait convenir.

[216] Quoique, pour aider à l'identification de ce nom propre, l'araméogramme soit précédé de l'aleph et suivi du lamed.

[217] E. g. TS 2.5.

[218] Yt 19.46-50. Voir Pirart, JA 286, 1998, 546 sq.

[219] RS 6.59.2d.

leur statut de jumeaux signifiât que, parallèlement à *Agni* qui l'est sur terre, *Indra* serait le feu dans le ciel[220].

Rappelons ici les étymologies que *Yāska* a recueillies du nom d'*Indra*. L'une d'elles, qui est aussi la plus fameuse et qui reproduit des données brāhmaṇiques, réunit les idées de feu et de *mánas* («sens interne») :

— *Yāska*, Nir 10.8 :

... | *tad yad enam prāṇaiḥ samaindhaṁs tad indrasyendratvam iti vijñāyate* | ...

Il est enseigné que le fait de l'avoir allumé avec les souffles (= les sens) explique le nom donné à Indra ;

— ŚBM 6.1.1.2 :

sá yò 'yám mádhye prāṇáḥ | eṣá evéndras tā́n eṣá prāṇā́n madhyatá indriyéṇainddha yád áinddha tásmād índha índho ha vái tám índra íty ā́ cakṣate paró 'kṣaṁ paró 'kṣakāmā hí devā́s tá 'iddhā́ḥ saptá nā́nā púruṣān asṛjanta ||

Et le sens qui se situe au centre (= le sens interne), n'est autre qu'Indra. Son énergie lui permit depuis le centre d'allumer les (autres) sens. Il reçoit le nom "Indha" pour les avoir allumés. De fait, c'est Indha, mais nous le nommons "Indra" parce que l'ésotérique plaît aux dieux. Les (sens), une fois allumés, émirent sept Puruṣa distincts (= sept représentations distinctes de la réalité).

Le sens interne, que le ŚBM n'hésite pas à identifier au dieu *Indra*[221], est celui qui, en vue d'une synthèse, enregistre les images que les sens externes (vue, ouïe, etc.) perçoivent et lui communiquent. Rejeter la synthèse et se contenter de la

---

[220] Cf. les vers ab du *mantra* du *garbhādhāna* que reprend le ŚBM 14.9.4.21 (= BĀUK 6.4.22) : *yáthāgnígarbhā pṛthivī́* ᐯ *yáthā dyáur índreṇa garbhíṇī.*

[221] Le ŚBM 12.9.1.13 établit clairement une correspondance ou une équivalence entre *Indra* et le *mánas* : *mána evéndraḥ | vā́k sárasvatī śrótre 'aśvínau ....*

stérile juxtaposition des images, voilà ce que doit représenter le démon *Viśvarūpa* «qui possède toutes les formes diverses»[222].

Je dirais que, dans la ChāndUp 8.7, l'*Asura* nommé *Virocana* qui fit ses études (*brahmacarya-*) en même temps qu'*Indra*, contrairement à ce dernier, se contentait des apparences ou des couleurs qui, à en juger par son nom, résultent de la décomposition de la lumière au lieu de rechercher la synthèse ou la lumière même. Tel est le sens, même si je l'exprime de façon anachronique.

Cependant, soulignons que l'*Indra* dieu du *mánas* n'est pas une création des *Brāhmaṇa* ou des *Upaniṣad* : il est déjà présent dans les hymnes du *R̥gveda* comme, par exemple, nous l'assure la strophe RS 2.12.1 :

> *yó jātá evá prathamó mánasvān* ^v^ *devó devā́n krátunā paryábhūṣat | ... ... sá janāsa índraḥ ||*
>
> Le dieu, premier des êtres pourvus de manas, de qui le kratu (= la force mentale, l'intelligence), dès la naissance, permit aux dieux d'être efficaces / effectifs / performants, celui-là, gens, c'est Indra[223].

Il est clair que, s'il montre des traits guerriers, *Indra* comporte aussi d'autres aspects tels que d'être le patron du *Svargaloka,* le roi des dieux, le destinataire par excellence de la fête sacrificielle, le dieu du sens interne, un étudiant brahmanique, etc.

Son nom même d'*Indra*, qui pourrait signifier «en pleine apogée, parfait, suprême, sans pareil», pour l'étymologie duquel certains spécialistes comme Hermann Güntert[224] ou Manfred Mayrhofer[225] coïncident assez avec certains

---

[222] On sait que son père *Tvaṣṭr̥* avait été le différenciateur des formes (Pirart 2003a : 159 sq.).

[223] Renou (1955-1969 : XVII 57) traduit cette strophe comme suit : «Celui qui, à peine né, doué de pensée (sage), le premier, en dieu, a environné les dieux par son pouvoir-spirituel, [...] celui-là, gens, c'est Indra».

[224] 1923 : 13-14.

[225] 1956-1980 : I 88.

lexicographes indigènes à l'expliquer à partir de *ID paramaiśvarye*[226] «être le souverain suprême» même si, en dehors des travaux de ces derniers, le verbe *indati* n'est pas attesté[227], ne fait pas nécessairement de lui un dieu spécifique de la fonction guerrière.

D'autre part, le sens premier de cette racine, ie. √ **Heid*, encore présent dans le nom de la goutte *índu-*, n'est pas nécessairement positif au vu du grec *Oidipoús* «aux pieds enflés»[228], ce qui, déjà, permet d'envisager que le théonyme indien puisse correspondre au nom d'un démon iranien. Disons que la racine connote un certain paroxysme, mais que, ce dernier n'étant pas fondamentalement signé, l'Inde seule y a reconnu une donnée positive.

L'une des premières fois qu'il rencontre *Indra* dans la *R̥gvedasaṁhitā*, en 1.3.4, le professeur *Sāyaṇa* nous égrène toutes les étymologies que la tradition avait proposées de ce théonyme, certes comme l'avait déjà fait en partie *Yāska*. Toutefois, les explications que *Sāyaṇa* recueille ou expose sont plus développées ou circonstanciées que celles de *Yāska*, un peu à la manière d'un *śāstra* par comparaison avec un *sūtra*. La seule de ces étymologies qui, pour répondre minimalement aux exigences de la science moderne, soit recevable paraît cependant bien fade de prime abord :

---

226 *índra-* < **i[n]d-rá-* (voir Mayrhofer 1992-2001 : I 192). Le seul autre dérivé en *-rá-* qui conserverait l'infixe nasal du thème de présent serait *hiṁsrá-* de *HIṢ* (RS 10.87.3b, 5b, 9c), mais il faut remarquer la propension que les racines finissant en °*ID* ont de recourir à l'infixe nasal [*n*] pour la formation du thème de présent (véd. *CHID*, *NID*, *BHID*, *VID*), mais aussi l'attestation de son maintien dans un autre dérivé nominal de *ID*, *índu-* masc. «goutte, jus ; Lune».

227 Gandhi (1877 : 433) en enregistre de nombreuses formes, inattestées voire imaginaires, qui toutes arborent l'infixe nasale : *indati, aindat, indāñcakāra, inditā, indiṣyati, aindiṣyat, aindīt, indyāt, indayati,* °*te, aindidat,* °*ta, indidiṣati, indyate, aindi, indita-, inditvā, inditum.*

228 Voir Ruipérez 2006 : 56 sqq.

— *Yāska*, Nir 10.8 :

... | *indater vaiśvaryakarmaṇaḥ* ...

(Il a) aussi (été donné une explication) à partir de (la racine du verbe) *indati* qui signifie "pouvoir" ;

— *Sāyaṇa* ad RS 1.3.4 :

... | *idi paramaiśvarya iti dhātuḥ* | *svamāyayā jagadrūpatvam paramaiśvaryam* | *tadyogād indraḥ* | *anenābhiprāyeṇa śrūyata indro māyābhiḥ pururūpa īyata iti* | ...

Le Dhātupāṭha enregistre la racine *ID* au sens d' "être souverain suprême". Sa propre habileté[229] lui permet de prendre les formes du monde : (telle est) sa souveraineté suprême. C'est ce qui explique (son nom d') "Indra". Dans le cadre de cette explication, le Veda contient le vers RS 6.47.18c.

Lisons donc cette strophe RS 6.47.18[230] :

rūpáṁrūpam prátirūpo babhūva ᵛ *tád asya*
rūpám praticákṣaṇāya | *índro māyā́bhiḥ pururū́pa īyate*
ᵛ*yuktā́ hy àsya hárayaḥ śatā́ dáśa* ||

Forme après forme, il a pris toute forme ; sa forme propre on la trouve partout. Indra, par ses magies, a maintes formes : mille coursiers sont attelés pour lui![231]

Avec ses cinq mentions de *rūpa-* «la forme», il est bien clair que le contenu de la strophe RS 6.47.18 doit avoir quelque rapport avec l'antagonisme qu'*Indra* maintient avec *Viśvarūpa* et que, selon la tradition que relaie *Sāyaṇa*, le sens du nom d'*Indra* serait à justifier sur cette base : sa «souveraineté suprême» serait-elle d'avoir pu vaincre *Viśvarūpa*, c'est-à-dire

---

229 *māyā́-*, mot apparenté au grec *mêtis* (malgré Mayrhofer 1992-2001 : II 349).

230 Strophe à succès au vu de Bloomfield 1906 : 829.

231 Traduction Varenne 1967 : 462.

d'avoir pu ou su faire la synthèse des formes que le démon avait éparpillées ou cantonnées dans une différenciation[232] dont aucune combinaison ne permettait de tirer parti ? L'abstrait *paramaiśvarya-*, faut-il d'ailleurs remarquer, ne signifie pas nécessairement ou intrinsèquement «qualité de souverain suprême, suprématie politique» : le sens de ce composé de *parama-*, qui dénote une certaine superlativité, et du dérivé abstrait neutre de *īśvara-* doit garder toute la palette de ce dernier qui, primairement, est celle du verbe *ĪŚ* «être en mesure, être capable». Avec ce sens premier, *paramaiśvarya-* signifie donc tout d'abord «la pleine capacité, le paroxysme, l'apogée».

Pour être complet, nous devons encore signaler la paronomase instructive à laquelle se livrent les strophes RS 10.27.6 et 10.48.7 en plaçant le verbe *NID* «porter préjudice» au voisinage de *anindrá-* «sans Indra» comme si *NID* était l'antonyme de *ID* et que *anindrá-* signifiait donc «incapable de porter préjudice» ou *índra-*, «inaltérable, sans défaut, parfait».

En sanscrit épique ou classique, comme on sait aussi, le nom d'*Indra* sert de marque superlative pour tous les êtres : *suparṇendra-* est le meilleur des oiseaux ; *rājendra-*, le meilleur des rois ; *munīndra-*, le meilleur des ascètes ; *indrendra-*, le meilleur des meilleurs ; *manujendrendra-*, le meilleur des meilleurs enfants de *Manu*. Il est voulu dire par là que les caractéristiques attendues de l'être visé sont pleines et accomplies à un point tel qu'en faire davantage paraît tout à fait illusoire et hors de portée : nul empenné ne pourrait rivaliser avec ce *suparṇendra* de *Garuḍa*, le *symvry* de l'épopée indienne, pour ce qui est de voler vite et loin.

Indra, comme la goutte *indu* est contenue dans son développement, est celui qui résorbe la diversité : il est la capillarité, une force de cohésion utile. Or, souvenons-nous-en, le démon iranien Indra congèle la pensée, lui impose une cohésion stérile, l'immobilisme. Au beau milieu du brouillard,

[232] Rappelons ici que *Viśvarūpa* passait pour le fils de *Tvaṣṭr̥*, le dieu de la différenciation (sur quoi Pirart 2003a : 159 sqq.).

quoi de plus condensé que la goutte ? Et, dans le froid, quoi de plus gelé que la glace ? Affaire de seuil.

Il va de soi que le sens que les lexicographes ont attribué au verbe *indati* est en bonne partie ad hoc et que la goutte n'a bien évidemment rien d'un souverain. Certes je ne sais quel est au juste le vrai sens du verbe *indati*, «gonfler» ou «durcir» au vu des pieds obstinés d'Œdipe, «perler» si nous regardons la goutte de *Soma*, «penser, réfléchir» selon l'araméogramme pehlevi, mais que, par delà toute rigueur, le nom de *śatákratu-* pourrait conforter, «congeler, ankyloser, abrutir» si nous faisons confiance aux livres pehlevis, «enchaîner, immobiliser» pour tenir compte du commentaire pehlevi, «apporter la cohésion, rendre cohérent» si nous tirons parti des mythes indiens de *Viśvarūpa* ou de *Virocana*, «pouvoir, être capable» selon *Yāska*, «connaître le paroxysme, être au superlatif» si nous nous laissons guider par *Garuḍa*, mais, visiblement, nous ne sommes pas loin du but.

Quoi qu'il en soit, il me semble pouvoir être engrangé que les actions respectives du démon iranien et du dieu indien ont des effets assez parallèles sur la pensée et durent, au départ ou fondamentalement, en faire une seule et même qui pouvait épouser les contours aussi bien négatifs de l'immobilisme stérile ou de la paralysie que positifs de la fructueuse cohérence.

De telles conclusions ne sont nullement menacées ni par les deux attestations que contiennent les hymnes du *R̥gveda* du superlatif *índratama-*, la première pour l'exaltation non sûrement hénothéiste des *Aśvin*[233] et la seconde pour celle de la

[233] La strophe 1.182.2 *índratamā hí dhíṣṇyā marúttamā* ᵛ *dasrā́ dáṁsiṣṭhā rathyā̀ rathī́tamā | pūrṇáṁ ráthaṁ vahethe mádhva ā́citaṁ* ᵛ *téna dāśvā́ṁsam úpa yātho aśvinā ||*, si nous refusons de prendre *índratama-* pour une pure et simple allusion au dieu *Indra*, peut se traduire comme suit : «Pour être **les plus performants** ou les plus éclatants des dieux adorables, tant vous y connaître et faire les meilleurs auriges, Aśvin, vous conduisez dans votre char plein tout un tas de miel pour vous approcher de l'orant».

déesse *Uṣas*[234], ni par l'existence du dérivé *indriyá-* qui, dans les hymnes, reste encore purement adjectif au sens de «appartenant ou relatif à Indra», ni par celle du bahuvrīhi *anindrá-* «sans Indra»[235].

Réduire la figure d'*Indra* à celle d'un guerrier, c'est focaliser notre attention sur un seul mythe, celui de ses combats contre des démons comme *Vṛtra* sans remarquer que de tels combats avaient pour but de libérer non seulement les eaux ou rivières, mais aussi les autres constituants d'un monde qui

---

[234] La strophe 7.79.3 *ábhūd uṣā́ índratamā maghóny* ^V^ *ájījanat suvitā́ya śrávāṁsi* | *ví divó devī́ duhitā́ dadhāty* ^V^ *áṅgirastamā sukŕ̥te vásūni* ||, si nous refusons de prendre *índratama-* pour une pure et simple allusion au dieu *Indra*, peut se traduire comme suit : «Elle, (suite à l'action de Savitṛ,) **dans toute sa splendeur**, de se rendre utile pour donner lieu aux hymnes et ouvrir les routes, Uṣas, déesse fille de Dyu, si vouée qu'elle est aux envois, dispose les biens à portée de l'homme pieux».

[235] La tradition que relaie *Sāyaṇa* s'accorde avec la diascévase qui, au vu de l'accentuation[1], devait faire de *anindrá-* un bahuvrīhi et y reconnaissait donc le théonyme. Et les contextes (RS 1.113.1b, 4.23.7a, 5.2.3d, 7.18.16a, 10.27.6a, 10.48.7d) s'accommodent sans difficulté de ce sens puisque *anindrá-* y qualifie chaque fois l'ennemi, l'impie ou *Druh*, le plus parlant d'entre eux restant 5.2.3d à mettre *anindrá-* en parallèle avec *anukthá-* : *kíṁ mā́m anindrā́ḥ kr̥ṇavann anukthā́ḥ* «Que peuvent-ils me faire s'ils sont sans Indra et sans uktha ?», autrement dit : Quel mal peuvent-ils me faire si les sacrifices qu'ils offrent, pour ne pas avoir *Indra* comme azimut, sont dépourvus d'azimut valable et dépourvus des textes liturgiques requis ? **Note :** [1]. Même si, à vrai dire, certaines anomalies ou incohérences mal justifiables existent parmi les composés de *a(n)+* et de dérivés primaires en *-rá-* : si l'accentuation de *ánugra-* (RS 7.38.6d), de *áchidra-* et de *ájasra-* se justifie — ils sont la négation d'adjectifs — tout comme celle de *acitrá-* qui est explicable comme bahuvrīhi tiré de la négation de l'adjectif substantivé, l'accentuation de *anugrá-* (RS 8.1.14b) ou de *aśrīrá-*, quant à elle, surprend (l'accent peut-il descendre par refus d'emphase ?). L'exception de *avī́ra-* «sans vīra» (et aussi «non vīra» !) qui conserve l'accent emphatique de **vī́ra-* (cf. *śū́ra-*) a ceci d'intéressant de nous montrer que nous aurions pu avoir **aníndra-* pour l'antonyme de *índravant-* et que, si nous avons *anindrá-*, c'est que le théonyme était fondamentalement accentué sur sa finale : **indrá-*.

divins ni chez les Iraniens ni chez leurs ancêtres, il faut, comme nous en avons déjà vu la possibilité pour Indra, que le sens fondamental de leurs noms ne fût pas foncièrement positif, mais pût avoir des connotations négatives.

Je me suis déjà exprimé[238] sur leur nom générique de Daiva, mais, semble-t-il, sans convaincre. Si, de l'analyse que j'en ai défendue, nous acceptons de retenir que ie. **doi̯ó-*[239] ne peut dériver du nom du ciel diurne ie. **di̯éu-* parce que l'élément *-*u*- de ce dernier, en tant qu'indice de polarité[240], n'appartient pas à la racine, l'idée inacceptable de démons apparentés à la lumière est évacuée.

Restent Sarva, Nāhaθya, Tūrvi et Zarianc : il faut envisager que ces noms n'aient pas étymologiquement de sens foncièrement positif, *conditio sine qua non* de la possibilité que leur statut démoniaque fût primaire.

Dans le cas de Sarva, il est impossible de répondre à la question puisque ni le sens premier du mot ni sa morphologie (en principe ie. **k̂oru̯ó-*) ne sont connus — Que signifiaient le latin *cervus* avant de désigner le cerf et le mot proto-indo-iranien **śarvá-* avant de nommer un dieu ou un démon ? —.

Par contre, dans celui de ii. **Nāsatya-*, étymon de Nāhaθya-, le sens négatif me paraît concevable à côté du positif si nous pouvons remarquer ce qui suit. La racine ie. √ **nes* dont le mot dérive connote un changement d'état ou de lieu qui est fondamentalement négatif non seulement par son phonème initial, mais aussi par sa sémantique, le changement étant la négation d'un état ou d'un lieu de départ, négativité que l'étymologie indigène traditionnelle de véd. *nā́satya-*, relayée par *Yāska*, a voulu rattraper en la convertissant en caractère

---

[238] 1995-2000 : I 95 sq.

[239] Et non **dei̯ó-*. Le latin *deivos* > *deus* est le fruit d'une dissimilation de **o* en **e* au voisinage de **u̯* comme **u̯oik̂ós* > **veicos* > *vīcus* (voir Bassols de Climent 1962 : 79 n. 9). Le fém. en *°*ī*- que montre l'indo-iranien (véd. *devī́-*, av. *daēiuuī-*) face au latin *dea* qui est en *°*ā*- est du même type que celui de noms d'animaux tels que véd. *meṣá-*, *meṣī́-*, av. *maēša-*, *maēšī-* face à véd. *áśva-*, *áśvā-*, av. *aspa-*, *aspā-*. Voir Debrunner 1954 : 370.

[240] Sur cet indice, Pirart, IIJ 36, 1993, 337 sqq.

positif par l'invention d'une négation double (*na+asatya-* > *nā́satya-* «qui ne se départissent pas du vrai»). Il est d'ailleurs symptomatique que **Nāsatya-* fût à l'origine du nom démoniaque iranien Nāhaθya tandis que **Aśvin-* fût à celle de son pendant positif Aspin. Dès lors, je n'écarte pas que, par le biais éventuel d'une paronomase, la racine ie. √ **nes* soit à décomposer en √ **ne-s* et à considérer comme l'antonyme primitif ou secondaire de √ **H_1es* «exister» < √ **H_1e-s* qui est une racine fondamentalement positive[241].

Le nom des *Nāsatya* védiques fait allusion au rôle qu'ils jouent dans le processus de passage, que ce soit en tant que médecins soucieux de faire aller l'individu de la maladie à la santé ou que psychopompes chargés d'accompagner son âme sur le chemin difficile qui va de ce monde mortel à celui de l'immortalité. Ils président ainsi à un changement d'état ou de lieu, mais, fondamentalement, ils sont la négation d'un état d'être et par là même aussi la négation de l'être de départ, ce qui peut donc parfaitement déboucher tout aussi bien sur une conception intrinsèquement négative que positive et faire d'eux les démons que les Iraniens connurent. Le sens négatif de *NAS* ne règnerait-il pas encore un peu dans l'expression du coucher du Soleil *astam I / GAM*, avec *astam* qui dérive de cette racine (ie. **n̥s-to-*), si nous pouvons y voir l'entrée du Soleil dans un état ou un lieu qui annule, oblitère ou nie son rôle d'astre diurne?

Si **tūrvi-* «qui accélère» (< ie. **tu̯r̥H-u̯i-*) ne paraît être marqué ni négativement («hâtif, précipité»?) ni positivement («rapide»), le sens du nom de son frère jumeau **źhr̥HiHanc-* «jaunâtre» (ie. **ĝhl̥H_3i+H_1enkʷ-*) convient à son rôle d'empoisonneur.

Rien ne s'opposerait donc frontalement à ce que les mots ii. **daiva-*, **indra-*, **śarva-*, **nāsatya-*, **tūrvi-*, **źhr̥HiHanc-* pussent servir dès la plus haute préhistoire iranienne à désigner des êtres surnaturels ou des concepts connotés négativement.

---

241 D'autres racines ie. biconsonantiques en **ne°* sont intrinsèquement négatives : **nékʷt-* «la nuit» ; √ **nek̂* «se défaire».

comprendre correctement le fonctionnement non seulement des idées religieuses des Iraniens et des Indiens, mais sans doute aussi des Proto-indo-européens si jamais ceux-ci durent exister, ce qui jusqu'ici, en dehors du seul et brouillon argument linguistique, n'a pu être démontré clairement.

La question des Daiva se nourrit de similitudes onomastiques d'éléments sémantiquement divers que les analyses critiques doivent nous permettre de cerner ou de relativiser sérieusement.

Appendice A

Śarva dans le *Veda*

Dumézil n'avait pas eu accès facile à la version *paippalāda* de l'*Atharvavedasaṁhitā*. Nous disposons aujourd'hui du travail de Thomas Zehnder pour le deuxième livre et de celui d'Alexander Lubotsky pour le cinquième. Cependant, plusieurs hymnes qui invoquent *Śarva* existent dans les deux *Saṁhitā* de l'*Atharvaveda*. En voici le recueil :

Paippalādasaṁhitā de l'*Atharvaveda* 2.25.3-4[244]

jetrā rājñā varuṇena [V] *jetrā rudreṇa keśinā* |
bhavena jiṣṇunā ×*jayet*[245] [V] *parjanyena sahīyasā* || 3 ||
astrā tāmreṇa bṛhatā[V]*strā*[246] *śarveṇa yudhyatā* |
gandharveṇa ×*tviṣīmatā*[247] [V] *rathenāsamayodhinā* || 4 ||

Avec l'aide du roi vainqueur Varuṇa, du vainqueur Rudra, l'(ascète) à la chevelure abondante, et du vainqueur Bhava, (puisse notre roi) vaincre (les ennemis), avec l'aide de Parjanya (= dieu de l'orage), le si coercitif, du haut tireur Tāmra («le cuivré»), du tireur combattif Śarva, du scintillant Gandharva et du char monté du combattant sans égal[248] !

---

[244] Bhattacharya 1997 : 151 [Bha] ; Zehnder 1999 : 77 [Z].

[245] Optatif votif. Le ms. de Paikula et Acharya (1972 : 18), suivis par Bha et Z, donnent *jayati* tandis que Bhattacharyya (1970 : 129) conjecture ×*jayāt*, mais le ms. du Kashmīr donne *jayeta*.

[246] Bha donne *bṛhatā astrā* sans effectuer le sandhi.

[247] Bha et Z avec le ms. du Kashmīr.

[248] Pourrait faire allusion à *Indra*. Ce char me rappelle celui du Yt 17.12.1 (voir Pirart 2006a : 119).

Paippalādasaṁhitā de l'*Atharvaveda* 5.15.3[249]

me^{i}mā bhavo mā śarvo vadhīd gā ^{V} *mā* ^{u} *vatsān*[250] $^{\times}$*klomaśvayo*[251] *vidan naḥ* | *ye* <*ca*> *jātā ye ca garbheṣ^{u}v antar* ^{V} *ariṣṭā* $^{\times}$*agne* $^{+}$*stanam*[252] *ā rabhantām* || 3 ||

Il ne faut ni que Bhava ou Śarva tuent ces vaches ni que l'emphysème trouve nos veaux. Ceux qui sont déjà nés tout comme ceux qui sont encore dans les matrices doivent, ô Agni, arriver indemnes au pis.

Śaunakasaṁhitā de l'*Atharvaveda* 4.28[253]

bhávāśarvau manve vāṁ tásya vittaṁ ^{V} [254]*yáyor vām idám pradíśi yád virócate* | [255]*yā́v asyéśāthe dvipádo yáu cátuṣpadas* ^{V} *táu no muñcatam áṁhasaḥ* || 1 || *yáyor abhyadhvá utá yád dūré cid* ^{V} *yáu viditā́v*[256] *iṣubhŕ̥tām*[257] *ásiṣṭhau* | [258]*yā́v asyéśāthe dvipádo yáu cátuṣpadas* ^{V} *táu no muñcatam áṁhasaḥ* || 2 ||

---

249 Bhattacharya 1997 : 381 [Bha] ; Lubotsky 2002 : 79 [L].

250 Bha *vatsāṁ*. L admet que b et c ne comptent que dix syllabes chacun : je restaure <*u*> en b et <*ca*> en c, la première disparition pouvant être expliquée phonétiquement (**uva*º > *va*º) et la seconde graphiquement (haplographie approximative **cajā*º > *jā*º).

251 Avec L, contre Bh *klomaścayo*.

252 Avec L, contre Bh *ariṣṭāgnestanumā*.

253 Roth & Whitney 1856 : 68 ; Whitney 1905 : I 197 sq. [Wh] ; Bhattacharya 1997 : 356 sqq. AVŚ 4.28.1 = AVP 4.37.1 ; 2abd = AVP 4.37.2abd ; 3abd = AVP 4.37.5abd ; 4abd = AVP 4.37.4abd ; 5abd = AVP 4.37.3abd ; 6abd = AVP 4.37.6abd ; 7 = AVP 4.37.7.

254 AVP *yayor vāṁ viśvaṁ yad idaṁ vitiṣṭhate*.

255 AVP *yāv īśāte asya dvipado yaś catuṣpadas*.

256 AVP *vítatau* (Wh se demande si la leçon y est *vīḍitau*).

257 Var. lect. *iṣubhŕ̥tau*.

258 AVP *bhavāśarvau bhavatam me syonau* «Bhava-Śarva, soyez un refuge pour moi».

sahasrākṣáu vṛtrahánā huve 'hám[259] V [260]*dūrégavyūtī* [261]*stuvánn emy ugráu* | [262]*yā́v asyéśāthe dvipádo yáu cátuṣpadas* V *táu no muñcatam áṁhasaḥ* || 3 || *yā́v ārebhā́the bahú sākám ágre*[263] V *prá céd ásrāṣṭam*[264] *abhibhā́ṁ jáneṣu* | [265]*yā́v asyéśāthe dvipádo yáu cátuṣpadas* V *táu no muñcatam áṁhasaḥ* || 4 || *yáyor vadhā́n nā́papádyate káś*[266] *canā́*V*ntár devéṣūtá mā́nuṣeṣu* | [267]*yā́v asyéśāthe dvipádo yáu cátuṣpadas* V *táu no muñcatam áṁhasaḥ* || 5 || [268]*yáḥ kṛtyākṛ́n mūlakṛ́d*[269] *yātudhā́no* V [270]*ní tásmin dhattaṁ*[271] *vájram ugrau* | [272]*yā́v asyéśāthe dvipádo yáu cátuṣpadas* V *táu no muñcatam áṁhasaḥ* || 6 || *ádhi no*[273] *brūtaṁ pṛ́tanāsūgráu* V *sáṁ vájreṇa sṛjataṁ* [274]*yáḥ kimīdī́* | *stáumi bhavāśarvā́*[275] *nāthitó johavīmi* V *táu no muñcatam áṁhasaḥ* || 7 || 28 ||

---

[259] AVP *huve vāṁ.*

[260] AVP *dūrehetī sunemī/svanemī ugrau* «Je vous appelle, vous les puissants de qui les dards atteignent au loin, vous qui avez de bonnes jantes».

[261] Var. lect. *stuvát nemi* ou *nemī.*

[262] AVP *bhavāśarvau bhavatam me syonau* «Bhava-Śarva, soyez un refuge pour moi».

[263] AVP *ugrau.*

[264] Var. lect. *ásrāṣṭram.*

[265] AVP *bhavāśarvau bhavatam me syonau* «Bhava-Śarva, soyez un refuge pour moi».

[266] AVP *kim.*

[267] AVP *bhavāśarvau bhavatam me syonau* «Bhava-Śarva, soyez un refuge pour moi».

[268] AVP *yaḥ kṛtyākṛd yātudhāno mahālo.*

[269] Wh propose *mūrakṛ́t.*

[270] AVP *ni tasmin hatam adhi vajram ugrau.*

[271] Var. lect. *dhattām.*

[272] AVP *bhavāśarvau bhavatam me syonau* «Bhava-Śarva, soyez un refuge pour moi».

[273] AVP *me.*

[274] AVP *yat kimīdi.*

[275] AVP *bhavāśarvau.*

Bhava-Śarva, je pense à vous : sachez-le. Vous deux dans la direction de qui ce (monde) apparaît, vous qui régnez sur le bipède et le quadrupède, libérez-nous de la détresse ! Vous deux à qui appartiennent ce qu'il y a sur le chemin aussi bien que ce qu'il y a au loin, vous qui êtes connus comme les meilleurs tireurs parmi ceux qui sont armés de flèches, vous qui régnez sur le bipède et le quadrupède, libérez-nous de la détresse ! Vous deux qui avez mille yeux et qui brisez les obstacles, je vous appelle, vous les puissants aux prairies lointaines, je m'apprête à vous adresser la louange. Vous qui régnez sur le bipède et le quadrupède, libérez-nous de la détresse ! Vous deux qui avez obtenu d'un seul coup de nombreux (...) depuis toujours, si vous avez produit le prodige chez les gens, vous qui régnez sur le bipède et le quadrupède, libérez-nous de la détresse ! Vous deux de l'arme de qui nul ne peut échapper, qu'il soit l'un des Deva ou l'un des fils de Manu, vous qui régnez sur le bipède et le quadrupède, libérez-nous de la détresse ! L'envoûteur, celui qui collecte des racines, le sorcier, ô puissants, vous deux, assénez-lui le foudre ! Vous qui régnez sur le bipède et le quadrupède, libérez-nous de la détresse ! Bénissez-nous pour les combats, vous deux les puissants ! Envoyez le foudre sur chaque Kimīdin[276] ! Je loue Bhava-Śarva si je leur demande de l'aide (en disant :) Libérez-nous de la détresse !

Śaunakasaṁhitā de l'*Atharvaveda* 6.93[277]

yamó mr̥tyúr aghamāró nirr̥thó V *babhrúḥ*[278] *śarvó'stā*[279] *nīlaśikhaṇḍaḥ*[280] | *devajanā́ḥ sénayot-*

---

[276] Sur cette classe d'êtres négatifs ou démoniaques, Pirart, JA 286, 1998, 546 n. 95 ; 2006a : 104 n. 6.

[277] Roth & Whitney 1856 : 129 ; Whitney 1905 : I 349 ; Muir 1852-1872 : IV 277. AVŚ 6.93.1-3 = AVP 19.14.13-15.

[278] AVP *bhava.*

[279] em. : mss. *ástrā* ; comm. et AVP *astā.*

tasthivā́ṁsas ^V *té asmā́kaṁ pári vr̥ñjantu*[281] *vīrā́n* || 1 || *mánasā hómair hárasā ghr̥téna* ^V *śarvā́yā́stra utá rā́jñe bhavā́ya* | *namasyèbhyo náma ebhyaḥ kr̥ṇomy* ^V *anyátrāsmád aghávịṣā*[282] *nayantu* || 2 || *trā́yadhvaṁ no aghávịṣābhyo vadhā́d* ^V *víśve devā maruto viśvavedasaḥ*[283] | *agnī́ṣómā váruṇaḥ pūtádakṣā*[284] ^V *vātāparjanyáyoḥ sumatáu syāma* || 3 || 93 ||

Yama, la mort, le meurtre, la désagrégation, le tireur brun, Śarva au toupet bleu, les gents divines qui apparaissent en troupes, puissent-ils laisser nos héros sains et saufs ! Avec la pensée, les offrandes, l'ardeur et le beurre, au tireur Śarva et au roi Bhava, aux honorables que voici, je rends hommage. (Je leur demande) de faire arriver ailleurs que chez nous les dards (qu'ils ont trempés) dans du funeste poison ! Protégez-nous contre la mort qu'apportent les dards trempés dans du funeste poison, vous les Viśva Deva, les Marut omniscients, Agni-Soma, Varuṇa, les dieux à l'intelligence pure ! Puissions-nous bénéficier de la bienveillance de Vāta-Parjanya !

Śaunakasaṁhitā de l'*Atharvaveda* 8.2.7-8[285]

ádhi brūhi mā́ rabhathāḥ sr̥jémáṁ ^V *távaivá sánt sarváhāyā*[286] *ihā́stu* | *bhávāśarvā mr̥ḍátaṁ śárma yachatam* ^V *apasídhya*[287] *duritáṁ dhattam ā́yuḥ* || 7 || *asmái mr̥tyo ádhi brūhī*^V*mám dayasvóditò'yám etu* |

---

280 AVP °*khaṇḍī.*

281 AVP °*ti.*

282 ˣ*aghávịṣān* ? Ou sous-entendre {*íṣūḥ*} ? { *kr̥tyā́ḥ*} ?

283 AVP *agniṣomā marutaḥ pūtadakṣāḥ.*

284 AVP *viśve devā maruto vaiśvadevāḥ.*

285 Roth & Whitney 1856 : 174 ; Whitney 1905 : II 477 ; Muir 1852-1872 : IV 277. AVŚ 8.2.7 = AVP 16.3.7 ; 8 = AVP 16.3.9 ; 9 = AVP 16.3.8.

286 Comm. *sarvagatiḥ.* Je conjecture ˣ*sarvádhāyāḥ.*

287 Absolutif.

áriṣṭaḥ sárvāṅgaḥ suśrúj V *jarásā śatáhāyana* V *ātmánā bhújam aśnutām* || 8 ||

Bénis(-le), ne le prends pas, laisse-le s'en aller ! Même s'il t'appartient ! Et (fais en sorte) qu'il ne manque de rien ! Bhava-Śarva, ayez pitié (de lui), offrez-lui protection, écartez (de lui) le mauvais pas et assurez(-lui) la vie ! Bénis-le, Mṛtyu (= le dieu de la Mort)! Aie pitié de lui ! Qu'il puisse sortir et s'en aller ! Sain et sauf, avec de bons hymnes, avec la vieillesse et l'âge de cent hivers, (je te demande) qu'il atteigne de lui-même la joie !

Śaunakasaṁhitā de l'*Atharvaveda* 8.8.17-18[288]

gharmáḥ sámiddho agnínā V*yáṁ hómaḥ sahasraháḥ*[289] | *bhaváś*[290] *ca pṛ́śnibāhuś ca* V *śárva*[291] *sénām amū́ṁ hatam*[292] || 17 || +*mṛtyó* +*róṣam*[293] *ā́ padyantāṁ* V *kṣúdhaṁ sedíṁ vadháṁ bhayám* | [294]*índraś cākṣujālā́bhyāṁ* V [295]*śárva sénām amū́ṁ hatam* || 18 ||

Sous le chaudron le feu a été allumé, sous cette offrande de mille coups. Bhava et toi Śarva qui as les bras mouchetés, frappez l'armée une telle ! (Je vous demande) qu'ils rencontrent la colère de Mṛtyu, la faim, l'abattement, le massacre et la panique ! Indra-Śarva, avec le collet et le filet, frappez l'armée une telle !

---

[288] Roth & Whitney 1856 : 187 sq. ; Whitney 1905 : II 505 sq. [Wh] ; Muir 1852-1872 : IV 277. AVŚ 8.8.16 = AVP 16.30.7 ; 17 = AVP 16.30.8 ; 18 = AVP 16.30.6 ; 19 = AVP 16.30.9.

[289] AVP *sahasraśaḥ*.

[290] em.: mss. *bhávaḥ*.

[291] Ce vocatif est à ordonner avec *pṛ́śnibāhuḥ*.

[292] AVP *hatām*.

[293] Les éditions, sur base du padapāṭha, donnent *mṛtyor óṣam* (Wh : «death's burning (?)»). Var. lect. *ā́ṣam*.

[294] AVP *indrasyākṣamālābhyām*.

[295] Var. lect. *sárva*. AVP *sarva senām amūṁ hatām*.

Śaunakasaṁhitā de l'*Atharvaveda* 10.1.23[296]

bhavāśarvā́v asyatā́ṁ pāpakṛ́te kṛtyākṛ́te V *duṣkṛ́te vidyútaṁ devahetím* || 23 ||

Que Bhava-Śarva lancent sur le malfaiteur, l'envoûteur ou celui qui commet de mauvais actes le foudre, dard divin !

Śaunakasaṁhitā de l'*Atharvaveda* 11.2.1 et 16[297]

bhávāśarvau mṛḍátaṁ mā́bhí yātaṁ V *bhū́tapatī páśupatī námo vām* | *prátihitām ā́yatāṁ mā́ ví srāṣṭaṁ* V *mā́ no hiṁsiṣṭaṁ dvipádo mā́ cátuṣpadaḥ* || 1 ||

Bhava-Śarva, ayez pitié ! Ne vous montrez pas agressifs ! Seigneurs des êtres et du bétail, hommage soit à vous deux ! La (flèche) que vous avez placée dans l'encoche et ajustée, ne la décochez pas ! Ne faites aucun mal ni à nos bipèdes ni à nos quadrupèdes !

námaḥ sāyáṁ námaḥ prātár V *námo rā́tryā námo dívā* | *bhavā́ya ca śarvā́ya co*V*bhā́bhyām akaraṁ námaḥ* || 16 ||

Hommage le soir, hommage le matin, hommage la nuit, hommage le jour, à Bhava comme à Śarva, à tous deux j'ai rendu hommage.

---

296 Roth & Whitney 1856 : 216 ; Whitney 1905 : II 566 ; Muir 1852-1872 : IV 277. AVŚ 10.1.23 = AVP 16.37.3.

297 Roth & Whitney 1856 : 245 et 246 ; Whitney 1905 : II 620 et 622 ; Muir 1852-1872 : IV 277 sqq. AVŚ 11.2.1 et 11.2.16 = AVP 16.104.1 et 16.105.6.

Śaunakasaṁhitā de l'*Atharvaveda* 11.6.9[298]

bhavāśarvā́v idám brūmo ᐯ *rudrám*[299] *paśupátiś ca yáḥ | íṣūr yā́ eṣāṁ saṁvidmá*[300] ᐯ [301]*tā́ naḥ santu sádā śivā́ḥ* || 9 ||

Nous disons ceci à Bhava-Śarva, à Rudra et à Paśupati (= «Maître du bétail»): que leurs flèches, elles que nous connaissons bien, nous soient toujours bénéfiques !

Śaunakasaṁhitā de l'*Atharvaveda* 12.4.17[302]

yá ˣ*enā́m*[303] *ávaśām ā́ha* ᐯ *devā́nāṁ níhitaṁ nidhím | ubháu tásmai bhavāśarváu* ᐯ *parikrámyéṣum asyataḥ* || 17 ||

Celui qui dit que n'est pas une vache ce dont les dieux firent une réserve, Bhava-Śarva l'assiègent tous deux et lui tirent la flèche.

Śaunakasaṁhitā de l'*Atharvaveda* 12.5.36[304] (aspects sinistres de la Vache, selon les opérations culinaires qu'elle subit)

śarváḥ kruddháḥ piśyámānā śímidā piśitā́ || 36 ||

Śarva furieux (quand) ils la dépècent, Śimidā (furieuse quand) elle est dépecée.

---

[298] Roth & Whitney 1856 : 255 ; Whitney 1905 : II 641 ; Muir 1852-1872 : IV 281. AVŚ 11.6.9 = AVP 15.13.10.

[299] AVP *ugraḥ*.

[300] Var. lect. °*vidmaḥ*.

[301] AVP *te no muñcantv aṁhasaḥ*.

[302] Roth & Whitney 1856 : 283 [RW] ; Whitney 1905 : II 696 ; Muir 1852-1872 : IV 281. AVŚ 12.4.17 = AVP 17.17.7.

[303] *enām* atone chez RW.

[304] Roth & Whitney 1856 : 287 ; Whitney 1905 : II 704. Non repris dans Bloomfield 1906. AVŚ 12.5.36 = AVP 16.144.8.

Śaunakasaṁhitā de l'*Atharvaveda* 15.5[305]

tásmai prā́cyā diśó antardeśā́d bhavám iṣvāsám anuṣṭhātā́ram akurvan | bhavá enam iṣvāsáḥ prā́cyā diśó antardeśā́d †anuṣṭhātā́nu tiṣṭhati† V náinaṁ śarvó ná bhavó néśāno V nā́sya paśū́n ná samānā́n hinasti V yá eváṁ véda || 1 ||

Pour lui, depuis la région intermédiaire du côté oriental, nous avons poussé l'archer Bhava à former une escorte. L'archer Bhava formant escorte l'escorte depuis la région intermédiaire du côté oriental. Ni Śarva ni Bhava ni Īśāna ne font de mal au bétail de celui qui a cette science ni au (bétail) qu'il possède en commun (avec d'autres).

tásmai dákṣiṇāyā diśó antardeśā́ ***charvám*** *iṣvāsám anuṣṭhātā́ram akurvan | śarvá enam iṣvāsó dákṣiṇāyā diśó antardeśā́d anuṣṭhātā́nu tiṣṭhati náinaṁ śarvó ná bhavó néśāno nā́sya paśū́n ná samānā́n hinasti yá eváṁ véda* || 2 ||

Pour lui, depuis la région intermédiaire du côté méridional, nous avons poussé l'archer Śarva à former une escorte. L'archer Śarva formant escorte l'escorte depuis la région intermédiaire du côté méridional. Ni Śarva ni Bhava ni Īśāna ne font de mal au bétail de celui qui a cette science ni au (bétail) qu'il possède en commun (avec d'autres).

---

[305] Roth & Whitney 1856 : 317 ; Whitney 1905 : II 778 sqq. ; Muir 1852-1872 : IV 281 sq. Non repris dans Bloomfield 1906. AVŚ 15.5.1ab = AVP 18.31.1 ; 2 = AVP 18.31.2 ; 3 ≈ AVP 18.31.4 ; 4 = AVP 18.31.5 ; 5 ≈ AVP 18.31.3 ; 6 = AVP 18.31.6 ; 7ab = AVP 18.31.7. L'énumération *Bhava* + *Śarva* + *Paśupati* + *Ugra* + *Rudra* + *Mahādeva* + *Īśāna* correspond pratiquement à celle du ŚBM 6.1.3.10-18 *Rudra* + *Śarva* + *Paśupati* + *Ugra* + *Aśani* + *Bhava* + *Mahādeva* + *Īśāna* + *Kumāra* et à celle du KauṣB (Sarma 1968) 6.2-3 *Bhava* + *Śarva* + *Paśupati* + *Ugra* + *Mahādeva* + *Rudra* + *Īśāna* + *Aśani*.

tásmai pratī́cyā diśó antardeśā́t ***paśupátim*** *iṣvāsám anuṣṭhātā́ram akurvan | paśupátir enam iṣvāsáḥi pratī́cyā diśó antardeśā́d anuṣṭhātā́nu tiṣṭhati náinaṁ śarvó ná bhavó néśāno nā́sya paśū́n ná samānā́n hinasti yá eváṁ véda* || 3 ||

Pour lui, depuis la région intermédiaire du côté occidental, nous avons poussé l'archer Paśupati à former une escorte. L'archer Paśupati formant escorte l'escorte depuis la région intermédiaire du côté occidental. Ni Śarva ni Bhava ni Īśāna ne font de mal au bétail de celui qui a cette science ni au (bétail) qu'il possède en commun (avec d'autres).

tásmā údī́cyā diśó antardeśā́d ***ugrám devám*** *iṣvāsám anuṣṭhātā́ram akurvan | ugrá enaṁ devá iṣvāsá údī́cyā diśó antardeśā́d anuṣṭhātā́nu tiṣṭhati náinaṁ śarvó ná bhavó néśāno nā́sya paśū́n ná samānā́n hinasti yá eváṁ véda* || 4 ||

Pour lui, depuis la région intermédiaire du côté septentrional, nous avons poussé l'archer Ugra Deva à former une escorte. L'archer Ugra Deva formant escorte l'escorte depuis la région intermédiaire du côté septentrional. Ni Śarva ni Bhava ni Īśāna ne font de mal au bétail de celui qui a cette science ni au (bétail) qu'il possède en commun (avec d'autres).

tásmai dhruvā́yā diśó antardeśā́d ***rudrám*** *iṣvāsám anuṣṭhātā́ram akurvan | rudrá enam iṣvāsó dhruvā́yā diśó antardeśā́d anuṣṭhātā́nu tiṣṭhati náinaṁ śarvó ná bhavó néśāno nā́sya paśū́n ná samānā́n hinasti yá eváṁ véda* || 5 ||

Pour lui, depuis la région intermédiaire du côté fixe (= central vers le bas ?), nous avons poussé l'archer Rudra à former une escorte. L'archer Rudra formant escorte l'escorte depuis la région intermédiaire du côté fixe. Ni Śarva ni Bhava ni Īśāna ne font de mal au bétail de celui qui a cette science ni au (bétail) qu'il possède en commun (avec d'autres).

tásmā ūrdhvā́yā diśó antardeśā́n ***mahādevám*** *iṣvāsám anuṣṭhātā́ram akurvan | mahādevá enam iṣvāsá* *ūrdhvā́yā diśó antardeśā́d anuṣṭhātā́nu tiṣṭhati náinaṁ śarvó ná bhavó néśāno nā́sya paśū́n ná samānā́n hinasti yá eváṁ véda* || 6 ||

Pour lui, depuis la région intermédiaire du côté vertical (= central vers le haut ?), nous avons poussé l'archer Mahādeva à former une escorte. L'archer Mahādeva formant escorte l'escorte depuis la région intermédiaire du côté vertical. Ni Śarva ni Bhava ni Īśāna ne font de mal au bétail de celui qui a cette science ni au (bétail) qu'il possède en commun (avec d'autres).

tásmai sárvebhyo antardeśébhya ***íśānam*** *iṣvāsám anuṣṭhātā́ram akurvan | íśāna enam iṣvāsáḥ sárvebhyo antardeśébhyo'nuṣṭhātā́nu tiṣṭhati náinaṁ śarvó ná bhavó néśāno nā́sya paśū́n ná samānā́n hinasti yá eváṁ véda* || 7 || 5 ||

Pour lui, depuis toutes les régions intermédiaires, nous avons poussé l'archer Iśāna à former une escorte. L'archer Iśāna formant escorte l'escorte depuis toutes les régions intermédiaires. Ni Śarva ni Bhava ni Īśāna ne font de mal au bétail de celui qui a cette science ni au (bétail) qu'il possède en commun (avec d'autres).

Les textes des *saṁhitā* du *Yajurveda* n'ajoutent pas de données significatives à celles que nous pouvons déjà tirer des deux *saṁhitā* du quatrième *Veda*. Le ŚBM 1.7.3.8[306] explique que *Śarva* est le nom que les «Orientaux» donnent à *Agni Sviṣṭakr̥t* ; *Bhava*, celui que lui donnent les Bactriens (?)[307] ;

[306] Muir 1852-1872 : IV 282, 342 ; Eggeling 1882-1900 : I 201 sq.

[307] Pour autant que nous acceptions de corriger *bāhīka-* en ˣ*bālhīka-* : *tád vā́'agnáya'íti kriyate | agnír vái sá devás tásyaitā́ni nā́māni śarvá íti yáthā prācyā́ ācákṣate bhavá íti yáthā bāhīkā́ḥ paśūnā́ṁ pátī rudrò'gnír íti tā́ny asyā́śāntāny evétarāṇi nā́māny agnír íty evá śāntátamaṁ tásmād agnáya'íti kriyate sviṣṭakŕ̥ta'íti* ||. La recension des *Kāṇva* est **défectueuse** pour ce qui est des deux théonymes qui nous intéressent (ŚBK 2.7.1.7) : *agnír vā́vá sá devás tásyaitā́ni nā́māni yáthā prācyā́ ācákṣate* ***sárva*** *íti yáthā bāhīkā́* ***dhavá*** *íti rudrá íti paśūnā́ṁ pátir agnír íti tásyétarāṇi sárvāṇy áśāntāni*

Paśupati et *Rudra*, d'autres encore. Cependant, il conseille de ne recourir qu'à son nom d'*Agni*. D'autres passages donnent à *Agni* les noms de *Rudra*, *Śarva*, etc., par exemple le ŚBM 6.1.3.10-18 qui énumère les neuf noms qui sont donnés à *Agni* à sa naissance[308] ou le ŚBM 9.1.1 qui fait référence à la liṭanie *Śatarudriya* que l'on entreprend de faire dans le cadre de l'*Agnicayana*.

Même si l'AVP 2.25.4 le met en relation avec la fonction du roi, *Śarva* n'est pas lui-même le roi, mais un combattant et, plus précisément, un archer capable de l'aider à vaincre les ennemis. Plusieurs passages associent, dans un composé dvandva ou dans une étroite coordination, *Bhava* et *Śarva* (12 × : AVP 5.15.3 ; AVŚ 4.28.1,7, 6.93.2, 8.2.7, 8.8.17, 10.1.23, 11.2.1,16, 11.6.9, 12.4.17, 15.5.1)[309], mais le premier reste aussi énigmatique que le second. Ils sont invoqués pour la protection du bétail, dans l'espoir qu'ils ne lui feront aucun mal de leurs tirs de dards et de flèches (AVP 5.15.3 ; AVŚ 4.28.1-7, 11.1.1, 11.6.9). Les ennemis qu'ils doivent châtier sont surtout des envoûteurs et des sorciers (AVŚ 4.28.6, 10.1.23). Il y a aussi les *Kimīdin* (AVŚ 4.28.7). D'autres associations se rencontrent : avec *Rudra* (AVP 2.25.3 ; AVŚ 11.6.9, 15.5.5), *Mṛtyu* (AVŚ 6.93.1, 8.2.8, 8.8.18), *Paśupati* (AVŚ 11.2.1, 11.6.9, 15.5.3), *Tāmra* (AVP 2.25.4), le *Gandharva* scintillant (AVP 2.25.4), un char monté d'un combattant sans égal (AVP 2.25.4), *Yama* (AVŚ 6.93.1), *Varuṇa* (AVŚ 6.93.3), les *Viśva Deva* (AVŚ 6.93.3), les *Marut* (AVŚ 6.93.3), *Agni-Soma* (AVŚ

---

nā́māny agnír íty evā̀sya śāntátamaṁ tásmād agnáya'íti kriyate sviṣṭakṛ́ta 'íti ||.

[308] *Rudra* + *Śarva* + *Paśupati* + *Ugra* + *Aśani* + *Bhava* + *Mahādeva* + *Īśāna* + *Kumāra*. Les huit premiers noms sont mis en relation respectivement avec feu, eau, plantes, vent, éclair, pluie, lune et soleil. Pour sa part, le KauṣB 6.2-3 ne lui donne pas plus de huit noms : *Bhava* + *Śarva* + *Paśupati* + *Ugra* + *Mahādeva* + *Rudra* + *Īśāna* + *Aśani*, lesquels sont mis en relation respectivement avec eau, feu, vent, plantes, soleil, lune, aliment et *Indra* (= pluie ?). Voir Muir 1852-1872 : IV 276 sqq., 341 sq.

[309] Ce dvandva est encore connu des *Sūtra* : e. g. ŚāṅkhŚS 4.20.1d *bhavaśarvābhyāṁ namaḥ*.

6.93.3), *Vāta-Parjanya* (AVŚ 6.93.3), *Indra* (AVŚ 8.8.18), *Īśāna* (AVŚ 15.5.1,7), *Ugra* (AVŚ 15.5.4), *Mahādeva* (AVŚ 15.5.6), *Śimidā* (AVŚ 12.5.36). En plus des flèches et des dards (AVP 2.25.4; AVŚ 4.28.2, 6.93.1-3, 11.2.1, 11.6.9, 12.4.17, 15.5), les armes que *Śarva* utilise sont le collet et le filet, armes typiques du chasseur (AVŚ 8.8.18), mais aussi le foudre (AVŚ 4.28.6,7) ou l'éclair (AVŚ 10.1.23). Quand il porte des armes de chasseur, la figure de *Śarva* nous rappelle celle de ce dieu qui doit se cacher derrière le cerf de Saint Hubert, un dieu de la chasse ou, en tout cas, lié au monde animal sauvage[310]. L'aspect du dieu attire l'attention par son étrangeté : brun (AVŚ 6.93.1), toupet bleu (AVŚ 6.93.1), bras mouchetés (AVŚ 8.8.17), cou bleu et gorge blanche (VSM 16.28[311], 16.56-57[312]), il se repaît de poumons ou de rognons (VSM 39.8) , de colons ou d'autres boyaux infectes (VSM 39.8-9[313]).

---

[310] Je ne sais si nous devons penser au dieu cerf *Kurunta* de Yazılıkaya 32. Le cerf latin peut-être devait-il son nom au dieu cerf de la même façon que *Renard*, en français, devint l'appellatif ou nom commun du *goupil*. Dans cette hypothèse, nous ne pouvons plus assurer que le mot *cervus* signifiât originellement «cerf». De fait, le grec *élaphos* (< **helapho-*), sans que Mayrhofer (1992-2001 : II 616) l'envisage, concorde avec l'indien *śarabhá-* (< **sarabhá-*) pour nous proposer un autre nom du cerf proto-indo-européen (**selH₂o-bho-* ?). Dès lors, rapprocher *śarvá-* de *cervus*, ce que Mayrhofer (1992-2001 : II 621) n'envisage pas non plus, ne pourra plus nous aider dans la recherche du sens ni de ie. **k̂oru̯ó-* ni de ii. **śarvá-*. Bien sûr, nous ne donnerons aucun crédit à l'étymologie que la ZA 27.7 avance du nom de l'homologue iranien (avestique *sauruua-*) selon laquelle ce serait un dérivé de sar «tête» signifiant «chef».

[311] Muir 1852-1872 : IV 270, 273 ; Eggeling 1882-1900 : IV 152 sq. = TS 4.5.4r-4.5.5abc (Keith 1914 II 357), MS 2.9.5.

[312] Muir 1852-1872 : IV 271, 275 ; Eggeling 1882-1900 : IV 155. = TS 4.5.11a (Keith 1914 II 361 sq.), MS 2.9.9, KS 17.16.

[313] ≈ TS 1.4.36 (Keith 1914 : I 62).

Appendice B

Les Daiva Mazaniya du Dādestān ī Dēnīg

Le Dādestān ī Dēnīg «traité de religion», rédigé au neuvième siècle par un haut responsable religieux des provinces du Fārs et de Kermān, un certain Manuščihr ī Gušnjamān, nous est connu à travers plusieurs manuscrits[314] d'Iran et d'Inde, les plus importants datés du XVIe siècle tels les iraniens TD et K35.

Le chapitre XXXVI dresse une liste des démons qui prirent part à l'assaut du ciel (DD 36.31 sqq.), mais aussi de ceux qui, suite à l'échec de leur tentative d'envahir le tiers supérieur situé au delà du ciel, furent chargés par un Ahra Manyu aussi contrarié que revanchard d'infecter le monde terrestre situé au bas du tiers médian et d'y semer la mort (DD 36.38-40). Ces deux listes ne mentionnent pas les démons qui nous intéressent à l'exception du seul Zarianc dont le nom figure dans la seconde. Comme cette seconde liste ne se contente pas de dresser une sèche énumération, mais qu'elle précise le rôle que remplit chacun des démons lors de la funeste entreprise de semer la destruction et la corruption parmi les habitants de la terre, nous ne ferons pas la fine bouche (DD 36.31-40)[315] :

ka ōy ī visp-vehīh <ī>[316] visp-āgāh ārāst būd
abzārān ī padīrag ī druz ciyōn ×spar[317] +ō avēšān×[318]

---

[314] Voir Jaafari-Dehaghi 1998 : 26.

[315] Les corrections sont données par rapport à Jaafari-Dehaghi 1998 : 122 sqq. [JD]. Dans le ms. K35 (Christensen 1934a), le passage commence à la ligne 6 du folio 141r. Je n'ai pu consulter le ms. TD.

[316] L'eżāfe est souvent escamotée lorsque le suffixe -īh la précède, mais ici K35 la donne bel et bien.

[317] Avec JD. K35 montre *scvl*.

mad[319] ān druz ī ⁺frēbāg-gōhrag[320] ˣī[321] gannāg ˣī[322] dvārāg ˣī[323] anāg-kām ˣī[324] pēš-kōxšīdār abāg akō.man°[325] ud aēšm°[326] ud zarmān ud būšiiąst°[327] ud niyāz/⁺iθiiej° ˣī anāgˣ[328] ud tangīh <ud>[329] būit° [būit°][330] ud vaii°[331] {ud varan[332]} ud astō.vīδāt°[333] ud vīzarəš°[334] <ī>[335] dēv ud hamist māzandarān[336] amar dēvān ud draoj<in°>ān[337] †u-š[338] tār <ud>[339] tom ud[340] vak <ud>[341] gazdūm[342] ud †spar[343] <ud>[344] spiš[345] ud

---

318 Contre JD qui conjecture un impossible ˣō-šān. K35 donne *OL APš'n|*.

319 *mtn|* K35.

320 JD en deux mots.

321 Contre JD *V.* om. K35.

322 Contre JD *V.* om. K35.

323 Contre JD *V.* om. K35.

324 Contre JD et les mss. *V.*

325 *'kvmn|* K35.

326 *'yšm* K35.

327 *bvšsp* K35.

328 *nyd'cyn'k|* ou *|sypgnn'k* K35 est à corriger en ˣ*(y)syc Y 'n'k|*ˣ (voir Dk 9.20.4). JD n'est pas parvenu à reconnaître l'adjectif : niyāz *ynak.*

329 Avec JD.

330 Contre JD but <ī> but «the idol of Buddha». K35 donne *bvt| b't|*.

331 *v'd* K35.

332 *vln|* K35.

333 *'stvkvyd't* K35.

334 *vyzlyš* K35.

335 om. K35.

336 *m'zn|dl'n* K35.

337 *dlvc'n|* K35.

338 *APš* K35.

339 Avec JD. om. K35.

340 om. K35.

341 Avec JD. om. K35.

342 *kz|||* K35.

343 *scl* K35.

344 Avec JD et K35.

viš ud zahr ud hamist +dēv-vināhišn[346] <ī>[347] andar ān ī ēr θrišuu°tāg[348]

Quand lui, avec toute bonté et toute science, se fut équipé des outils pour contrer Druj comme (on est pourvu) d'un bouclier, vint alors vers eux cette **Druj** à la nature décevante, funeste, errante, malintentionnée et agressive, en compagnie d'**Aka Manah**, d'**Išma** (= «colère») [349], de **Zarvā** (= «vieillesse»), de **Būšyanstā** (= «statut de ce qui reste à l'état de projet, indolence, paresse»), de pénurie pernicieuse / du pernicieux **Θyajah** (= «abandon»), d'**Anzah** (= «détresse»)[350], de **Būti** (= « ? »)[351], du (mauvais) **Vāyu** (= «espace libre») {= Varana (= « ? »)}, d'**Astah-vidātu** (= «dislocation du squelette»)[352], du Daiva **Vizarša** (= «traîneur (de damnés)») et de tous les Daiva sans nombre de la province de Māzandarān comme des Draujana, ... d'obscurité et de ténèbre, de crapaud et de scorpion, ... et de pou, de poison et de venin, et de l'ensemble des forces délétères démoniaques qui se situent dans le tiers[353] inférieur.

---

345 *scvš* K35.

346 Avec K35 *ŠDYvn'sšn*, contre JD dēv <ud> vināhišn.

347 om. K35.

348 *slyšvtk|* K35.

349 Sur le tandem Išma + Būšyanstā, voir Pirart 2006a : 140 ; 2006b : 250 ; cf. aussi V 11.9 sqq.

350 Sur le tandem Θyajah + Anzah, voir Yt 10.22 et Pirart 2006a : 112 n. 53.

351 Sur la série Θyajah + Zarvā + Būti, voir V 19.43.

352 Sur le tandem Vāyu + Astah-vidātu, voir V 5.8, MX 2.115.

353 Cette division en tiers doit-elle nous rappeler la victoire que Hušianha obtint sur deux tiers des démons (e. g. Yt 5.22.4 *yaθa azəm nijanāni duua θrišuua māzainiianąm daēuuanąm varəniianąmca druuatąm* ∴ «(la faveur) que je puisse exterminer deux tiers des Daiva Mazaniya et des Drugvant Varaniya») ?

ul padīd duš-dānāg ō ān <ī>[354] mayānag θrišuu°tāg kē-š andar veh dām ī ohrmazd-dād

L'ignorant (Ahra Manyu) fit irruption dans le tiers médian où Ahura Mazdā avait mis en place les bons Dāman (= les êtres bons).

u-š zad gāv <ī ēk-dād>[355] u-š margōmand[356] kard gaiiō.marət°[357] u-š candēnīd[358] zamīg ud škast bun[359]

Et (là) il frappa la vache[360] <Aivadātā (= archétype des quadrupèdes)>. Et il rendit Gaya Martan (= le premier homme) mortel. Et il secoua la terre tant et si bien que la superficie s'en fissura

<ud>[361] tārīg būd dahišn <ud>[362] dvārist hend dēv ēr <ud>[363] abar kustag u-šān $^{\times}$nixvārīd[364] av-iz ān ī abardom θrišuu°tāg $^{++}$kū garō.nmān° ī abēzag {<ud> mad hend ō abarīg $^{\times}$asmān[365] ī mayān θrišuu°tāg}$^{++}$[366]

<et que> le monde s'obscurcit. <Et> les Daiva couraient en tous sens, en haut comme en bas. Et leurs courses les conduisaient même jusqu'au tiers supérieur, là où se trouve le pur Garah Dmāna (= «la maison du chant de bienvenue», le paradis) {= ils arrivèrent au bord supérieur qu'est le ciel pour le tiers médian}.

---

354 Avec K35.

355 Suggéré JD, mais K35 possède *Y* derrière *TVRA*.

356 *mlg'vmn|d* K35.

357 *g'yyvkmlt|* K35.

358 *cndynyt||* K35.

359 *bvm* K35.

360 JD «ox».

361 Avec K35.

362 Avec K35.

363 om. K35.

364 Avec JD. Les mss. donnent *svb'lyt|* ou *svb'lt|*.

365 Avec JD. Ms. *'s'm'n*.

366 $^{++}$...$^{++}$ om. K35.

<ud>[367] ānōh haspīhist ēsted mēnōy-vaxšīg ān [ī] band-drubuštīh[368] kē-š harvisp[369] bandān nigāh †aviš[370] [ī] xvad ast[371] vuzurg xvarrah[372] [kē-š harvisp[373] bandān nigāh] <ud>[374] dēn <ī>[375] abēzag <ī>[376] gumān-vizār brāzīhist <ī>[377] bāmīg ×ī[378] dūr-payrōg ciyōn ēbyānghan ī star-pēsīd ī mēnōyān-tāšīd <ī>[379] +veh dēn+[380] ī māzdēsnān[381] ēdōn-iz[382] brāzīd rōšnān ī purr-xvarrahān[383]

Là avait été installée préventivement cette barricade dont l'aspect comptait tous les types de nœuds et qui possédait une grande faculté de résistance [dont l'aspect comptait tous les types de nœuds]. Et Dainā (= «la (bonne) religion»), pure dissipatrice des doutes, y brillait d'une splendeur éblouissant au loin. Tout comme la ceinture d'étoiles que les Mānyava avaient tissue pour la Vahvī Dainā Māzdayasni, ainsi brillaient aussi les (dieux) lumineux pourvus d'abondante fortune.

---

367 Avec K35.

368 *bnd|dlpvštyh* K35.

369 *hlvst|* K35.

370 *'vbš* K35.

371 *V AYT|* K35.

372 *GDE Y* K35.

373 *hlvst|* K35.

374 om. K35.

375 Avec JD. om. K35.

376 Avec JD. om. K35.

377 *V* K35.

378 JD ud. K35 donne |||.

379 om. K35.

380 JD veh-dēn. Cf. Y 9.26.1bcd *pauruuanīm aiβiiå̊ŋhanəm* V *stəhrpaēsaŋhəm* +*mainiiu.tāštəm* V *vaŋ^{v}hīm daēnąm māzdaiiasnīm* .·. (voir Pirart 2004 : 83 sq.).

381 *m'st* K35.

382 *'ytvn|* K35.

383 *pl GDE* K35.

u-š nē būd ˣādūgīh[384] <ī>[385] ēc dēv ud draojin°[386] nē-z ōy-iz dēvān dēv <ī>[387] māzandom[388] <ud>[389] pad ēc[390] gurdīh tar[391] ān [ī][392] vimand ul dvārīd[393] ud[394] abāz kaft hend

Et (cette barricade) restait hors d'atteinte des Daiva et des Draujana comme aussi de ce Daiva même qui est le plus grand des Daiva. Et, quelle que fût leur bravoure, ils ne purent franchir cette limite pour enfin se retirer.

nūn ka nē ayāft[395] az tomīg-gōhr[396] druz[397] ud tār-tohmagān[398] dēvān abēzag mēnōyān yazadān <ud>[399] rōšn garō.nmān° <ī>[400] gāh ˣā-š[401] framūd pad zūrag[402] miθaoxt°[403] pērōzīh ī <abar>[404] xvarrah <ī>[405] gaēiθii°īg[406] dām pad dō ˣzay[407] ēk abesīhēnīdan ī

---

[384] Avec JD. K35 donne *'ytvkyh.*

[385] om. K35.

[386] *dlvc n|* K35.

[387] om. K35.

[388] *mzn|tvm* K35.

[389] om. K35.

[390] om. K35.

[391] JD tar <ī>. K35 donne *LCDr V.*

[392] om. K35.

[393] *dvb'lystn|* .·. K35.

[394] om. K35.

[395] *'ypt|* K35.

[396] JD en deux mots. K35 donne *tmyk|gv hhl.*

[397] *V dlvc* K35.

[398] *t'l thmyk| 'n* K35.

[399] om. K35.

[400] om. K35.

[401] Avec JD. K35 donne *ZYš.*

[402] *zvhlk|* K35.

[403] *mytht| V* K35.

[404] Avec JD. om. K35.

[405] Avec JD. om. K35.

[406] *sthh* K35.

zīndagān[408] pad margīh zōr[409] ēk dast-grav[410] kardan ī ruvānān pad druvandīh rāh

Dès lors, puisque ni Druj à la substance ténébreuse[411] ni les Daiva d'origine obscure[412] n'avaient pu atteindre le pur Garah Dmāna, la résidence lumineuse des Yazata Mānyava, (**Ahra Manyu**) avec l'aide du travers **Miθah-uxta** (= «parole fautive») projeta de renverser alors la fortune des êtres du monde matériel en recourant à deux armes : d'une part, la mort qui permet de détruire les vivants et, d'autre part, la méchanceté qui conduit le(ur)s ruvan en captivité.

u-š gardīd ō margēnīdārīh u-š +padiš[413] sālār kard ān [ī] duš-dānāg ī xvānīhed astō.vīδāt°[414] <ī>[415] vizārīhed astōmandān višōbāy[416]

Et il se proposa de (tout) ruiner. Et il chargea de la direction de l'entreprise cet ignorant que nous connaissons sous le nom d'**Astah-vidātu,** un mot signifiant «dislocateur des os».

u-š būšiiąst°[417] <ī>[418] dēv pad nizārēnīdan[419] <ī>[420] vēn abespārd ud taf° <ī>[421] dēv pad stardēnīdan

---

407 Avec JD. K35 donne *zyk|*.

408 *zyvndk'n|* K35.

409 *zvhl V* K35.

410 *dstglvb| V* K35.

411 Cf. Yt 19.95 *drujim yąm ... təmaŋᵛhaēnīm.*

412 Cf. V 8.80 *daēuuanąm ... təmasciθranąm*, Yt 6.4 *təmasciθranąm daēuuanąm.*

413 JD pad-iš.

414 *'stvkvyd't|* K35.

415 Avec JD. om. K35.

416 *všvphh* K35.

417 *bvššp* K35.

418 om. K35.

419 *nzvhlynytn|* K35.

420 Avec JD. om. K35.

421 om. K35.

ud[422] ōš ×āšōbēnīdan[423] ud āz[424] <ī>[425] dēv pad zōr[426] ōgārdan [427]×ī ×pāšn ud ×dandān +šavēnīdan

Et il chargea la Daivī **Būšyanstā** de la diminution du souffle, le Daiva **Tafnu** (= «fièvre») de jeter la confusion et de déstabiliser l'entendement, le Daiva **Āzi** (= «concupiscence») d'ôter l'énergie des talons et de faire tomber les dents.

u-š zarmān <ī>[428] dēv pad kirb vināhīdan ud tōš appurdan ud vattar vaiiº[429] <pad>[430] visānišn <ī>[431] gyān <ī>[432] az tan stōvēnīdan aēšmº[433] <ī>[434] dēv pad kōxšišn sārēnīdan ud ōzanišn abzāyēnīdan ud tomīgān xrafstrºān[435] pad gazišn kardan <ud>[436] vināhēnīdan ud zāiricº[437] <ī>[438] dēv pad xvarišnān[439] zahrēnīdan[440] <ud>[441] margīh vihānēnīdan abāg [+ī][442] iθiiejº+[443] ī

---

[422] om. K35.

[423] Avec JD et K35 º*tn* |.

[424] *'c*| K35.

[425] om. K35.

[426] *zhl* K35.

[427] JD ud ×pēš-tazišn ud ×darrišn <ud> ×jōyišn. K35 donne *V pyš Y tšn*| *Y ssvvšvynytn*|. Je conjecture ×*Y* ×*p'šn*| *V* ×*KKA'n* +*švynytn*|.

[428] om. K35.

[429] *v'd* K35.

[430] om. K35.

[431] Avec JD. om. K35.

[432] om. K35.

[433] *'yšm* K35.

[434] om. K35.

[435] *hlpstl'n*| K35.

[436] Avec K35.

[437] *z'ylyc*| K35.

[438] om. K35.

[439] *hvlšn'n*|| K35.

[440] *z'hlyn*|*ytn*| K35.

[441] Avec JD. om. K35.

[442] Avec K35.

nihān-ravišn ud sahm <ī>[444] ˣbīm-gen[445] <ud>[446] xīndagīh[447] <ī>[448] tabišn-afsār ud[449] vas vināhišnīg zōrān <u-š>[450] ˣvināhīdārān[451] dēvān hamē ayār kard ō astō.vīδāt°[452] pad margēnīdārīh

Et (il chargea) la Daivī **Zarvā** d'altérer la figure et de soustraire la vigueur, le mauvais **Vāyu** de procéder à la séparation de l'uštāna (= «faculté de se mouvoir, animation») et de la tanū (= «corps, personne»), le Daiva **Išma** de susciter la rixe et de pousser à l'assassinat, les ténébreux **Xrafstra** (= «la vermine») de mordre et d'endommager, le Daiva **Zarianc** d'empoisonner les aliments et de causer des décès, de concert avec Θyajah (= «l'abandon») aux enjambées furtives, la peur panique, la maladie causant la baisse de température et de nombreuses autres forces délétères. Et il chargea tous les Daiva délétères de prêter main forte à Astah-vidātu dans son œuvre de destruction.

La seconde liste, celle des complices d'Asta-vidātu, compte, ce dernier compris, neuf unités démoniaques, mais aucune structure ne ressort ni n'attire l'attention si ce n'est la dernière position qu'occupe Zarianc puisque cela rappelle qu'il occupait aussi cette place dans la seconde liste du V 10 :

---

[443] ⁺*Y syc*|⁺ (cf. Dk 9.20.4), contre JD niyāz, les signes pour *nyd'c*| (K35) pouvant tout aussi bien être lus ⁺|*Ysyc*|. L'ezāfe parasite dans ⁺*LVTE*| *Y syc*⁺ serait-elle le reflet de la voyelle prothétique d'origine épenthétique que montre l'avestique *iθiiejah-*.

[444] Avec JD. om. K35.

[445] JD bīm-kun (K35 donne *bym OBYDVN*).

[446] Avec K35.

[447] *htykyh* K35.

[448] Avec JD. om. K35.

[449] om. K35.

[450] om. K35.

[451] JD vināhdārān. K35 donne *vn'st'l'n*|.

[452] *'stvkvyd't*| K35.

1	Asta-vidātu «dislocation des os»	dirige les opérations
2	Būšyanstā «indolence, paresse»	exténue
3	Tafnu «fièvre»	jette la confusion
4	Āzi «concupiscence»	ôte toute force aux talons
5	Zarvā «vieillesse»	altère les formes
6	le mauvais Vāyu «espace libre»	sépare uštāna et tanū
7	Išma «furie»	incite au meurtre
8	les Xrafstra «la vermine»	mordent et détériorent
9	Zarianc «le jaunâtre»	empoisonne les aliments

Deux observations.

Aucun de ces démons ne porte le même nom qu'un être surnaturel védique positif ou négatif. Nous ne sommes donc pas en terrain connu.

Zarianc, contre l'affirmation de Dumézil, n'est pas donné pour le démon de la famine, mais pour celui de l'empoisonnement, ce que son nom de «jaunâtre» était déjà propre à suggérer.

Appendice C

Les Daiva Mazaniya du Dēnkard

Quoiqu'elle remonte à l'époque sassanide, l'encyclopédie appelée Dēnkard «faits de religion» souffrit une importante dégradation qui nécessita une révision et une nouvelle rédaction à l'époque de l'éphémère renaissance zoroastrienne du IXe siècle de la part d'un haut responsable du zoroastrisme, un certain Ādurbād ī Ēmēdān. Comme il s'agit d'une encyclopédie, il est très logiquement attendu que le Dēnkard traite à plusieurs reprises de nos démons.

C'est le cas pour la première fois dans son cinquième livre, celui pour lequel nous pouvons compter sur des manuscrits des XVIe (DH, K43b) et XVIIe (B) siècles. Effectivement, le septième chapitre du cinquième livre du Dēnkard traite de la protection qu'il convient de s'assurer contre les forces délétères, ce qui nous fournit une liste de démons (Dk 5.7)[453] :

> abar pād<an>[454] ī pās passaxv kū be[455] šnāxtan ī frēftārīh ud viyābāngarīh ī ahreman ud devān <ud> ciyōn gumēxtagīh ī-šān bārīgīhā andar veh dahišnān <ud>[456] nihuftārīh ī-šān rāh ud[457] ristag[458] ī[459] rāst

---

[453] Les corrections sont faites par rapport à Amouzgar & Tafazzoli 2000 : 38 (AT). Chez Sanjana (1874-1928 : IX), le passage figure p. 484 ; chez Madan (1911 : I), il commence à la ligne 6 de la page 440 ; chez Dresden (1966), c'est-à-dire dans le ms. B, à la ligne 17 de la page 489 ; dans le ms. DH (Khanlari 1971), à la ligne 13 du folio 255v ; dans le ms. K43b (Christensen 1936b), à la ligne 12 du folio 6v.

[454] Avec AT, mais *NTLVNtn* B, DH, K43b.

[455] B *BRA AYK* au lieu de *AYK BRA*.

[456] Avec K43b.

[457] om. DH, K43b ; *Y* B.

<ud> zūr nimūdārīh ī-šān ast pad nēst <ud>[460] rāh-dārīh ī-šān andar axv ud menišn ud gōvišn ud kunišn ī astōmandān ud āsūdagīh ī-šān pad vināhišngārīh ud niyāzōmandīh ī-mān ō vaxšvarān rāst āvurdārīh ud[461] mēnōyīg[462] rāz[463] gaēiθii°īg[464] paydāgēnīdārīh <ī> šnāxtan ud grift<an>[465] ī[466] ān vidarag ud a-sūdagīhā pād<an>[467] ī ān pās ud[468] be sūdan[469] ī dēvān az tan ud nē kardan ī-šān andar ō tan-bahr ud andar-iz ˣhamvār-kōxšišnīh[470] <ī>[471] padīrag draoj<in°>ān[472] <ud> nām-cištīgīhādar nikōhīdag ud zadag dāštan ī dēvān dēv gannāg mēnōy[473] u-š māzan[474] abzārān[475] ciyōn akō.man°[476] ud indr°[477] ud saur°[478] ud nåŋhaiθ°[479] ud taur°-iz[480] ud[481] zāir°-iz[482] ud[483] aγataš°[484] ud[485] āz°[486]

---

[458] om. DH, K43b.

[459] om B.

[460] Avec K43b.

[461] *Y* DH, K43b ; om. B.

[462] AT mēnōgīg.

[463] *l'c*| *V* DH.

[464] AT gētīgīg (*gytydyk* B, DH, K43b).

[465] Avec AT, les mss. donnant *OBYDVNt*|.

[466] om. K43b.

[467] Avec AT, les mss. donnant *NTLVNt*|.

[468] om. B.

[469] *svt*| B.

[470] Avec AT, les mss. donnant *h'mv'l kvššnyh.*

[471] Avec DH.

[472] AT druzān (*dlvc'n*| B, DH, *Vdlvc'n*| K43b).

[473] AT mēnōg, mais les mss. donnent toujours *mynvd.*

[474] *mzn*| B, DH, K43b.

[475] B, DH et K43b y ajoutent *Y.*

[476] *'kvmn*| B, DH ; *'kvmn* K43b. AT n'adoptent pas le même système orthographique pour les noms des démons.

[477] *yndl* B ; *'ndl* DH, K43b.

[478] *svlvv* B, DH, K43b.

[479] *n'ys* ou *n'gs* B, DH, K43b.

[480] *t'vlyc*| B, DH, K43b.

ud[487] aēšm°[488] ud abārīg[489] māzan[490] <ī>[491] dēv<ān> ud[492] cand az hamāg avēšān <dēvān>[493] pās pāyīhēd frāy-iz az abē-rāh[494] varan[495] pās pādan[496] <ud> xrad mādayān padīrag varan mādayān hamēšag-pāsīhā [ˣvinnirdan[497]][498] vinnārdan[499] ud ēdōn-iz vohu.man° padīrag akō.man° ud abārīg veh mēnōyān[500] padīrag ān ī[501] xvēš hamēstār[502] draoj<in°>[503] ēstēnīdan[504] rāy andar tan mehmānēnīdan[505] ud xvāstārīhā gyān-drahnāy[506] pās pādan[507] °°°[508]

---

481 om. B.

482 *z'lyc* K43b ; *z'lyc|* B, DH.

483 om. B.

484 *'k't'š* B, DH, K43b.

485 om. B.

486 *'c|* B, DH, K43b.

487 om. B.

488 *'šm* DH, K43b.

489 B y ajoute *Y*.

490 *m'zn|* B, DH, K43b. Nous attendions ici les Varaniya selon V 10.

491 Avec B.

492 om. K43b.

493 Avec les mss. (*ŠDYA'n* DH, K43b ; *ŠDY'n|* B).

494 *'p'l's* B, DH, K43b.

495 *vln|* B, DH, K43b.

496 *NTLVNtn|* B, DH, K43b.

497 AT vinnardan (*vynltn* DH, K43b ; *vynltn|* B).

498 Avec AT.

499 Les mss. introduisent ici une ponctuation.

500 AT mēnōgān.

501 om. B.

502 *hmyst'l* B ; *hm'st'l* DH, K43b.

503 AT druz (*dlvcn(l)* DH ; *dlvc|* B, K43b).

504 *'stynytn|* B, DH, K43b.

505 *m'hm'nynytn|* B, DH, K43b.

506 AT en deux mots.

507 *NTLVNt|* B, DH, K43b.

508 Fleur K43b ; ∴ B, DH.

Concernant la protection qu'il faut s'assurer, la réponse (à la question) est la suivante : (Nous devons) connaître quelles sont la tromperie et la séduction que fomentent Ahra Manyu et les Daiva, comment ils se mêlent subrepticement aux êtres bons, (comment) ils dissimulent le chemin et l'attitude droits, le travers qu'ils sont à enseigner que n'est pas ce qui est, (comment), à hanter le chemin, ils s'insinuent dans la réflexion, dans la pensée, dans la parole et dans le geste des (êtres) osseux et (comment) ils trouvent la sérénité en semant la destruction. Et (nous devons connaître quelle est) la nécessité que les prophètes nous guident sur le droit chemin et nous révèlent sous une forme profane les secrets mānyava (= «qui relèvent de l'opinion, c.-à-d. abstraits ou immatériels») si nous voulons connaître et suivre ce passage[509] et, sans négligence, veiller à sa bonne garde. Et (nous devons) éloigner les Daiva de notre personne, leur en interdire l'accès et aussi livrer une lutte de tous les instants contre les Draujana. Et (nous devons) surtout cantonner dans la frustration et dans la déception Ahra Manyu, le Daiva des Daiva, et ses principaux bras droits Aka Manah, Ịndra, Sarva, Nāhaθya, Tūrvi et Zarianc, Agataxša, Āzi, Išma et autres Daiva Mazaniya. Et, si nous nous protégeons à ce point contre tous ces Daiva-là, (nous devons) bien plus encore nous protéger contre Varana (= «le vice (?)») qui n'a cure des chemins. Et (nous avons à) maintenir la substance de Xratu (= «la performance mentale, l'intelligence») face à celle de Varana dans un état de vigilance qui soit sans faille. Et alors aussi, pour opposer Vahu Manah à Aka Manah et les autres Vahu Mānyava (= «les dieux abstraits») à leurs propres adversaires Draujana, (nous devons) faire en sorte que (ces dieux Mānyava) résident dans notre tanū (= «corps, personne») et avoir la volonté de les garder en nous tout au long de la vie.

---

509 = la Cinvatpṛtu, le pont qui conduit de ce monde à l'autre?

Ce septième chapitre du cinquième livre du Dēnkard contient une énumération de démons assez semblable à celle que nous trouvons dans le Vidēvdād. Les principaux commentaires que nous puissions en donner sont les suivants :

— si Aka Manah n'apparaissait pas dans le Vidēvdād, sa présence ici permettrait d'identifier plusieurs des démons qui suivent comme étant des adversaires des Amṛta Spanta sans toutefois pouvoir déterminer jusqu'où il faut descendre dans la liste ;

— il est question d'une opposition terme à terme, avec les exemples de Xratu contre Varana et de Vahu Manah contre Aka Manah, mais aussi des Vahu Mānyava (= les Amṛta Spanta ?) contre les Draujana ;

— l'étroite coordination qui réunit Tūrvi et Zarianc[510] pourrait être l'indice que c'était l'explicitation d'un Nāhaθya originellement duel.

Quelle que soit la situation, la liste démoniaque complète que nous lisons dans ce septième chapitre du cinquième livre du Dēnkard est la suivante :

[510] Il n'est pas nécessaire de supposer que cette étroite coordination soit le fruit de l'interprétation erronée qui aurait été faite comme particule coordonnante de la syllabe °*ca* avec laquelle se terminait la forme avestique du nom de Zarianc, *zāirīca*, car, si nous tenons compte de la possibilité que les traducteurs pehlevis purent encore à leur époque reconnaître le dvandva et voulurent rendre compte de son emploi en recourant à la répétition de la particule moyen-perse °*c* (-iz < vieil-iranien cit), il put se produire une haplographie dans le cas de Zarianc : ***t'vly-c V z'lyc-c* > *t'vlyc V z'lyc*.

Ahra Manyu

Aka Manah
Indra
Sarva
Nāhaθya
    Tūrvi
    Zarianc
Agataxša
Āzi
Išma
d'autres Daiva

Varana

Les attestations du nom d'Indra au chapitre VIII du huitième livre du Dk et au chapitre XXXI du neuvième sont à biffer : il faut corriger Dk 8.8.3 *'ndd'l* en $^{+}$*'n'hl* et Dk 9.31.3 *yndlc*|[511] en $^{\times}$*'n'hlc*, c'est-à-dire y reconnaître la diablesse Anārti[512], la contrepartie négative de la déesse Ārti, au lieu d'Indra dont les graphies habituelles sont *'ndl*, *'yndl* et *'BYNl*.

Le chapitre VIII du huitième livre du Dēnkard nous parle du contenu du Bariš Nask, le cinquième des sept livres liturgiques de l'Avesta. Ce livre n'ayant pas plus été conservé que la plupart des autres, les informations que le Dēnkard nous donne à son propos sont des plus précieuses.

Cependant, les données fournies sont assez pauvres et, pour les démons qui nous occupent, douteuses ou erronément établies (Dk 8.8.1-3)[513] :

---

511 Voir 3.2.

512 Sur cette diablesse, voir Pirart 2006b : 94 sqq.

513 Les corrections sont données par rapport à Sunjana 1874-1928 : XV 18 sq. [Sj]. Chez Madan (1911 : II) [Md], Dk 8.8 commence à la ligne 9 de la page 685. Le chapitre manque dans B (voir Dresden 1966 : 36 n.13).

bariš [514]mādayān abar zōr-rāyēnišnīh <ud> rāstīh <ud> rādīh ī +āsn <ud> srud xrad+[515] +vas-hunarān[516] .·.

Le Bariš Nask pour l'essenciel traite de l'organisation de forces, de la rectitude et de la générosité de ceux qui (tirent) de grandes habilités de leurs intelligences innée et acquise.

ud ān-iz [ī] draojin°īh ud pōš<išnīh> ud adānīh <ud> dužāgāhīh ×ī[517] vas-āhōgān[518] ī <vas->hunarān hamēstār {<ud> brādarōd} .·.

Et (le Bariš Nask traite) aussi du caractère de Draujana (= perfide), du caractère sournois, de l'ignorance et de la désinformation que montrent ceux qui, recourant à de nombreux méfaits, affrontent ceux qui jouissent de grandes habilités {ou les combattent}.

ud ān ī vohu.man° ud spandarmad ud srōš ud aṣ̌iš.vaŋh° <ud> vas yazadān[519] ud ān ī akō.man° <ud>[520] varən° <ud>[521] aēšm° <ud> +anaš°[522] ud vas dēvān [ān ī] āfrīn <ud> nifrīn <ud> ×huēvāzīh[523] ud ×dužēvāzīh[524] ud[525] hunērangīh ud dušnērangīh ud husaxvanīh ud dušsaxvanīh <ud> cē andar ham dar °o°

---

[514] Ici commence le folio 69 du ms. de Meherji Rana (voir Dresden 1966 : 111).

[515] Sj āsn-srud-xrad en un mot, Md en trois.

[516] Sj et Md en deux mots.

[517] Sj et Md ud.

[518] Sj et Md en deux mots.

[519] Md introduit ici le signe de ponctuation .·..

[520] Avec Md.

[521] Avec Md.

[522] +*'n'hl* avec les mss. (dont celui de Meherji Rana, folio 69 [Dresden 1966 : 111], ligne 6) et Md (?), contre Sj *'ndd'l*.

[523] ×*hv'yv'cyh*. Sj et Md *hvy'pkyh* ; Md *hvy'ckyh*.

[524] ×*dvš'yv'cyh*. Sj *dvš'pkyh* ; Md *dvšy'ckyh*.

[525] Md *Y*.

Et (le Bariš Nask traite) de la bénédiction ou de la malédiction, de la bonne considération ou de la calomnie, de l'éloge ou du dénigrement, du bon discours ou de l'insulte, selon qu'il est traité de Vahu Manah, de Spantā Aramati, de Srauša, de la déesse Ārti et des nombreux Yazata ou d'Aka Manah, de Varana, d'Išma, d'Anārti et des nombreux Daiva. Et de thèmes semblables.

Le Bariš Nask, pour ce qu'en dit le huitième chapitre du livre VIII du Dēnkard, contenait ainsi l'opposition terme à terme de deux listes. Vu que la présence d'Indra que Sanjana[526] admet en face d'Ārti est le fruit d'une erreur de lecture — *'ndd'l* est à lire *'n'hl* «Anārti»[527] —, vu aussi que, pour affronter Varana, la déesse Spantā Aramati est souvent accompagnée de Xratu et que son adversaire habituel est autre, à savoir Tarahmati, nous pourrions compléter et corriger comme suit le schéma auquel conduit le texte de Sanjana :

Vahu Manah	Aka Manah
Spantā Aramati	<**Tarahmati**>
<**Xratu**>	Varana
Srauša	Išma
Ārti	$^{+}$**Anārti**
les nombreux Yazata	les nombreux Daiva

Cette liste ne tient compte que des deux Amr̥ta Spanta liés à la pensée, Vahu Manah et Spantā Aramati, auxquels Xratu serait à ajouter, et des deux Yazata Mānyava que sont Srauša et Ārti, accompagnés de la masse anonyme des autres Yazata.

[526] 1874-1928 : XV 19 n. 2.

[527] West 1880-1897 : IV 21 n. 3.

Par contre, le huitième chapitre du neuvième livre du Dēnkard, dans la description du contenu du huitième chapitre du Stut°gar° Nask, le deuxième des sept livres gâthiques de l'Avesta sassanide, nomme la série des démons qui nous intéressent (Dk 9.8.1)[528] :

> haštom fragard x^{v}aētumait°[529] abar pahrēz ī az ēzišn ī gannāg mēnōy rāy anāstavān ī dēn ∴[530] ud ān ī az ēzišn ī[531] indr°[532] ud [ān][533] saur°[534] rāy[535] anēbyāst[536] dād<an> ∴ ud ān ī[537] az ēzišn ī taur°-iz[538] ud zāir°-iz[539] rāy ēv-mōg dvārišn ∴[540] ud ān ī[541] az ēzišn ī ayataš°[542] rāy dušnigerāygar[543] <būdan> ∴ ud ān

---

[528] Les corrections sont données par rapport à Sanjana 1874-1928 : XVII 13 [Sj] ; la référence est 9.9.1 chez West 1880-1897 : IV. Chez Madan (1911 : II) [Md], le passage commence à la ligne 17 de la page 792 ; dans le ms. DH (Khanlari 1971), à la ligne 16 du folio 270v ; dans le ms. K43b (Christensen 1936b), à la ligne 10 du folio 23v ; manque dans le ms. B (voir Dresden 1966 : 38 n. 15).

[529] DH et K43b introduisent ici la ponctuation °$_{o}$°.

[530] Ce signe de ponctuation manque chez Md, dans DH et dans K43b.

[531] *yk* K43b.

[532] *'ndl* Sj, Md, DH, K43b.

[533] Avec K43b, DH, contre Sj *ZK* et Md *'n*|.

[534] *s'vl* Sj, Md; *s'vvlv* DH, K43b.

[535] *LA* Md, DH, K43b.

[536] *'n'sp* K43b.

[537] om. K43b.

[538] Sj *t'vlyp*| est à lire *t'vlyc*| (Md, DH, K43b).

[539] Sj *z'lyp*| est à lire *z'lyc*| (DH, K43b).

[540] Ce signe de ponctuation manque chez Md et dans DH, K43b.

[541] om. Md, DH, K43b.

[542] *'kt'š* Md, DH, K43b.

[543] *dvš nkyl'dgl* Md.

ī az ēzišn[544] ī hamāg dēvān rāy a-mār-zan dād<an>[545] <ud> mardōm ˣšnāsēnīdan[546] <ī> mādagvar °。°

Le huitième chapitre (du Stut°gar° Nask, celui qui porte le titre de) Hvaitumatī (d'après celui de la section Y 32 de la première Gāθā) traite de la prohibition d'offrir le sacrifice qui, par égard pour Ahra Manyu, consiste à repousser la (bonne) religion ; d'offrir le sacrifice qui, par égard pour Indra et Sarva, consiste à se passer du port de la ceinture ; d'offrir le sacrifice qui, par égard pour Tūrvi comme aussi Zarianc, consiste à se fourvoyer avec une seule chaussure ; d'offrir le sacrifice qui, par égard pour Agataxša, consiste à faire en sorte que l'on ne voie pas d'un bon oeil (ce qui est bon)[547] ; d'offrir le sacrifice qui, par égard pour tous les Daiva, consiste à omettre d'opprimer les serpents. (Ce chapitre cherche aussi) à informer sur ce qui est essentiel pour les humains.

Nous pouvons synthétiser le Dk 9.8.1 avec le tableau suivant :

Ahra Manyu	rejette Dainā
Indra + Sarva	sans ceinture
Tūrvi + Zarianc	avec une seule chaussure
Agataxša	calomnie
les Vispa Daiva	sauvent les serpents

544 *ycšn|* DH, K43b.

545 Md *'m'lyn|d't|*.

546 Contre Sj *Všn'dynytn|* et Md *V šn'snytn|*, et contre les mss. qui donnent *šn'snytn|* ou *šn'dynytn|*.

547 Cf. ZA 27.24.

Quelques observations.

Le passage ne mentionne pas Aka Manah.

Deux paires figurent dans ce tableau : Indra + Sarva et Tūrvi + Zarianc[548]. Elles paraissent assez proches l'une de l'autre si toutes deux sont mises en relation avec un manquement vestimentaire, mais, si le rôle spécifique habituel de Zarianc, celui d'empoisonneur, est ici gommé, nous le retrouvons pourtant assumé par les Vispa Daiva grâce au calembour qui traite vispa- comme si c'était *viša-pa- «protecteur de(s serpents) venim(eux)». De toute façon, il faut souligner que, dans le cas des jumeaux Tūrvi et Zarianc que l'on compare avec les *Aśvin*, le manquement affecte les pieds, une partie du corps qui se signale par son caractère binaire et qui sert à deux reprises de métaphore pour la description que les hymnes védiques nous offrent des *Aśvin* (RS 2.39.5d et 10.106.9b)[549].

L'artisan Agataxša «fabricant de paroles funestes» (*ayataša-* ou *akataša-*) occupe la case qui lui correspond, mais, vu ce qu'il est dit de lui, nous ne pouvons écarter qu'il y ait eu confusion avec Aga-axšī «celle qui a des yeux funestes» (*ayašī-* V 20.3,7).

Cette fois, Indra a été rangé avec Sarva[550], en deuxième position, c'est-à-dire comme démon pouvant relever de la deuxième fonction pour autant, bien sûr, que nous fermions les yeux sur le rapport que le texte établit entre ces deux démons et le port défaillant de la ceinture rituelle.

Le vingtième chapitre du neuvième livre du Dēnkard traite lui aussi des démons, car la description qu'il donne du contenu du Stut°gar° Nask nous informe que le vingtième chapitre, intitulé vohū.xšaθrəm (d'après l'incipit de la section Y 51 des Gāθā), traitait des faits d'oppression dont Aji Dāhaka se rendit coupable en exerçant la tyrannie sur les sept secteurs de

548 N'aurions-nous pu avoir aussi Išma + Agataxša ?

549 Voir Pirart 1995-2000 : II 50.

550 Cette association pourrait à la rigueur rappeler celle que nous trouvons dans l'AVŚ 8.8.18 *índraś ca ... śárva*.

la terre et des tentatives qu'il fit d'y répandre la terreur avec ses injonctions (Dk 9.20.4)[551] :

ud ˣvadag°[552] kē jam ī[553] šēd ī huramag kē-tān pad zūr-zanišnīh be zad adādestānīhā u-t<ān>[554] abar gēhān ārzōg[555] kard[556] niyāz ud škōhīh ud tangīh[557] ud āz ud ˣšuy[558] ud tišn[559] ud aēšm°[560] ī xruu°druš[561] ud haēc°[562] ī auuāstr°[563] <ud> sahm ud iθiiej°[564] ī[565] nihān-ravišn[566] ud zarmān ī duš-pad[567] ud haft dēv ēzišnōmand dād °o°

---

[551] Les corrections sont données par rapport à Sanjana 1874-1928 : XVII 50 [Sj]. La référence est 9.21 chez West 1880-1897 : IV 212 sqq. Chez Madan (1911 : II) [Md], le passage commence à la ligne 19 de la page 810 ; dans le ms. DH (Khanlari 1971), à la ligne 18 du folio 277v ; dans le ms. K43b (Christensen 1936b), à la ligne 6 du folio 31v ; dans la copie de Meherji Rana [MR], à la ligne 2 de la page 175 (Dresden 1966 : 58) ; manque dans le ms. B (voir Dresden 1966 : 38 n. 15).

[552] *'vtk|* Sj, Md, DH, K43b ; *'vtk* MR.

[553] om. Md.

[554] *V LK* Sj, Md, DH, K43b, MR.

[555] Sj et MR ; *'lck|* Md, DH, K43b.

[556] *krtn|* MR.

[557] Cf. avestique *ązah-*.

[558] *svd* Sj, DH, K43b, MR ; *svd Y* Md.

[559] Cf. avestique *šuδəmca taršnəmca.*

[560] *'šm* DH, K43b, MR.

[561] *hvldlvš* Sj, Md, DH, K43b, MR. Cf. avestique *aēšma- xruuī.dru-*.

[562] Ou hēz, contre Sanjana qui lit niyāz, par confusion des signes pour *V hyc|* avec ceux pour *nyd'c|*.

[563] *yyv'stl* DH, K43b. Cf. avéstique *haēcah- auuāstra-*.

[564] Md *sc|*.

[565] om. MR.

[566] Cf. avestique *iθiiejah- maršaona-*; DD 36.40. La traduction pehlevie interprète *maršaona-* comme si ce fût le composé haplographique de ii. **mr̥šā* «en vain» et du dérivé ii. en **-ana-* de √ **ciu̯* : lo. mr̥šā-śyavana-. Aurait-elle raison ?

[567] Cf. avestique *zauruua duždąfəδrō* ; ZA 28.23.

> Et Vadagā (= la mère d'Aji Dāhaka), elle qui fit en sorte que, (du point de vue du) splendide Yama aux bons troupeaux[568], lui que vous mîtes à mort au cours d'un massacre sournois et déloyal, lui à qui vous inspirâtes le désir des êtres, (les démons) pénurie et pauvreté[569], Anzah (= «détresse») et Āzi, Šuda (= «faim») et Tr̥šna (= «soif»), Išma (= «colère») à la sanglante javeline, Haicah (= «sécheresse») dépourvu de fourrage, terreur, Θyajah (= «abandon») qui suit de furtives routes, Zarvā (= «vieillesse») aux mauvais pieds et les sept (archi)démons fussent dignes d'honneurs sacrificiels.

La liste de démons contenue dans ce passage présente plusieurs difficultés. Tout d'abord, selon Sanjana, le démon de la pénurie (phl. *nyd'c*) apparaîtrait deux fois. En réalité, la seconde fois est le fruit d'une corruption : il faut lire *V hyc* (ud hēz) «et sécheresse». Ensuite, si faim et soif étaient Zarianc et Tūrvi, eux aussi apparaîtraient deux fois si nous devons les compter parmi les sept démons qui ferment l'énumération. Enfin, la liste n'a pas de structure visible. Une seule donnée mérite de retenir notre attention : les sept Daiva anonymes qui ferment l'énumération, malgré leur désignation catégorielle erronée — j'attendais Draujana — doivent être les adversaires des sept Amr̥ta Spanta, qui, connus individuellement, ne sont pourtant jamais clairement réunis dans une énumération exhaustive : Ahra Manyu, Aka Manah, Druj, Anāxšti (?), Tarah-mati, Šuda et Tr̥šna.

[568] Cf. avestique *yima- xšaēta- huuąθβa-*.

[569] Apauša (cf. Yt 18.2) ?

Appendice D

Les Daiva Mazaniya du premier Nāmag ī Manuščihr

Dans le cadre de controverses l'opposant à d'autres responsables religieux, le frère de Zādsparam ī Gušnjamān, le professeur Manuščihr ī Gušnjamān, dans la première de ses trois lettres ou épîtres, celle qu'il adressa aux gens de Sīrgān[570], le Nāmag ī ērbed kē-š ō vehān ī sīrgān kard (EM 1), leur fait remarquer que certaines doctrines passent pour erronées alors qu'il n'en est rien et vice versa. Pour illustrer son propos, il fait une citation, sans doute d'origine avestique, qui évoque une péripétie de la vie de Zaraduštra (EM 1.10.9defgh)[571] :

> fradom jār ka-š aməš°spandān dīd hend ēg-iš menīd kū hend iṇdr°[572] ud ×saur° ud nå̊ŋhaiθ° ay×[573] ud ×taur°-iz[574] ud zāir°-iz[575] kē hend ×māzandom[576]
>
> La première fois que (Zaraduštra descendant de Spitāma) vit les Amr̥ta Spanta, il en vint à penser qu'ils étaient Indra, Sarva et (les) Nāhaθya, c'est-à-dire et

[570] Sirjān, à près de 180 kms de Kermān vers le sud-ouest par la route de Bandar e Abbās.

[571] Les corrections sont données par rapport au ms. K35 (Christensen 1934b). Le passage y commence à la ligne 1 du folio 219r.

[572] *'yndl* K35.

[573] *s'lvVn 'yghsyh* K35. Sur ay, voir ZA 1.55 (Appendice E).

[574] *t'vylc* K35.

[575] *z'ylyc|* K35.

[576] *mzn|tvm* K35.

Tūrvi et Zarianc, qui sont les (démons)[577] les plus importants[578].

West[579] estime que l'absence d'Aka Manah serait tout simplement due à une erreur commise par un copiste. Cependant, il manquerait aussi Ahra Manyu. Il est à souligner que la fréquence de cette absence d'Aka Manah rend pareille conjecture bien douteuse.

---

577 Présent dans J, mais ce manuscrit de Bombay est du XIX siècle.

578 Le syntagme «les plus importants» doit provenir de l'interprétation erronée ou approximative de l'avestique *māzainiia-*. Le Dk 3.192 connaît encore les *m'zn Y ŠDY'n*.

579 1880-1897 : II 319 n. 2.

Appendice E

Les Daiva Mazaniya de la Zand-āgāhīh

La Zand-āgāhīh «informations tirées de la traduction (pehlevie de l'Avesta)», l'un des livres pehlevis les plus importants, est à dater de la même époque que les travaux des frères Gušnjamān[580]. De ce livre, connu aussi sous le titre de Bundahišn «Installation originelle», il existe deux versions : une version longue, l'iranienne (TD1, TD2, DH, K43a[581], tous mss. du XVIe siècle), reflétée par les travaux de B. T. Anklesaria[582] et de Nyberg[583]; une version brève, l'indienne, qui, reflétée par les travaux de Justi[584] et de West[585], est arrivée jusqu'à nous par deux traditions manuscrites, l'une étant celle qu'il est habituel de suivre (K20, M51 [M6], mss. du XIVe siècle) et l'autre celle qui, en plus de nous fournir un texte très fragmentaire, paraît plus sobre (K20b, ms. du XVIe ou XVIIe siècle). Je ferai référence ci-dessous à ces trois traditions respectivement au moyen des lettres T, K et X. Quatre chapitres nous offrent des informations sur les démons qui nous occupent, le premier, le cinquième, le vingt-septième et le trente-quatrième.

Après l'énumération d'une vingtaine d'instaurations d'Ahura Mazdā (ZA 1.53), lesquelles sont numérotées, la

580 West 1880-1897 : I xlii sq.

581 Ne contient qu'un court fragment (voir B. T. Anklesaria 1956 : 10 ; Christensen 1936a : 8 sq.).

582 1956.

583 JA 1929, 207-229 = AI 7, 1975, 89-111.

584 1868.

585 1880-1897 : I.

tradition T de la Zand-āgāhīh donne une liste limitée à sept démons instaurés par Ahra Manyu (ZA 1.55)[586] :

++gannāg mēnōy[587] pad ān[588] petyāragōmandīh az kamālīgān[589] dēvān nazdist++[590] akō.man°[591] ++frāz kirrēnīd[592] ud[593] pas++[594] indr°[595] ud[596] pas saur°[597] ud[598] pas nåŋhaiθ°[599] ++[ud[600] pas tarō.mait°[601]++[602] ud[603] pas] taur°-iz[604] ud[605] [pas][606] zāir°-iz[607] ++ud[608]

---

[586] La référence est 1.27 chez West 1880-1897 : I 10. Les corrections sont données par rapport à B. T. Anklesaria 1956 : 18 [BTA]. Chez Nyberg, JA 1929 (= AI 7, 1975) [Ny], le passage constitue le 5e § de la page 218 ; dans le ms. DH (Khanlari 1971), il commence à la ligne 2 du folio 163v ; dans le ms. TD1 (Khanlari 1970), à la ligne 12 du folio 6v ; dans le ms. TD2 (JamaspAsa & alii 1978), à la ligne 7 de la page 15 ; dans le ms. K20 (Christensen 1931), à la ligne 19 du folio 90r ; dans le ms. K20b (Christensen 1931), à la ligne 13 du folio 5r.

[587] *gn'k mynvd* DH, TD2 ; *gn'k*| *mynvd* TD1.

[588] *ZK Y* TD1.

[589] *km'l'k'n* TD1.

[590] ++...++ om. K20, K20b.

[591] *'kvmn*| DH, TD1, TD2, K20, K20b.

[592] *klnyt*| TD1.

[593] om. Ny, TD1, TD2.

[594] ++...++ om. K20, K20b.

[595] *'ndl* DH, TD1, TD2 ; *'B̲YNl* K20, K20b.

[596] om. Ny, DH, TD1.

[597] *s'vvlv* DH ; *s'vl* TD1; *s'vvl* TD2 ; *svvl* K20, K20b.

[598] om. Ny, DH.

[599] nākahēδ West ; nāhaiδyā Ny ; *nhhbyhh* DH, TD1 ; *nhhykyh* TD2 ; *n'khyt* K20 ; *'khyt 'b* K20b.

[600] om. Ny, TD2.

[601] *tlvmt*| DH ; *tlvmt* TD1, TD2.

[602] ++...++ om. K20, K20b.

[603] om. Ny, DH.

[604] *tlyc tlvyc* DH ; *tlyc*| TD1 ; *tlyc* TD2 ; *t'lyc* K20 ; *thhlyc* K20b (avec en marge sec. m. *t'ylyk*).

[605] om. TD1.

pas abārīgān dēvān <ud> haptom xvad gannāg mēnōy++[609] <.·.>[610]

Ahra Manyu, par esprit de contrariété, produisit, parmi les principaux Daiva, en premier lieu Aka Manah, puis Indra, puis Sarva, puis (les) Nāhaθya [, puis Tarah-mati, puis à la fois] Tūrvi et [puis] Zarianc, puis les autres Daiva, mais, en septième lieu, Ahra Manyu se (produisit) lui-même.

Si nous faisons le compte des démons que nous trouvons dans T, Ahra Manyu ne peut être considéré comme le septième que si la présence de Tarah-mati est à prendre pour une glose et que si nous faisons du tandem Tūrvi + Zarianc tout comme de l'ensemble des «autres Daiva» des unités.

Pour leur part, la liste que donnent les traditions K et X ne mentionne ni Tarah-mati ni les «autres Daiva» ni Ahra Manyu. Il advient que les mss. de T et de X, contrairement à K20 qui donne *n'khyt*, coïncident à présenter d'étranges graphies pour la fin du nom de Nāhaθya :

K	K20 *n'khyt*
X	K20b *'khyt 'b*
T	DH et TD1 *nhhbyhh* TD2 *nhhykyh*

Derrière le nom de Nāhaθya, sans doute y a-t-il, ici comme aussi dans K35 pour EM 1.10.9fg[611], le mot *'y* (ay) «c'est-à-dire», habituellement écrit avec un yod en forme de *b*, qui serait la trace que primitivement le tandem Tūrvi + Zarianc

606 Avec BTA, Ny, DH, TD1, TD2, K20, K20b.

607 *zylyp|* DH ; *zylyc* TD1, TD2 ; *z'ylyc* K20 ; *z'lyc* K20b (avec en marge sec. m. *z'ylyk*).

608 om. Ny, DH.

609 ++...++ om. K20, K20b.

610 Avec TD1.

611 Voir Appendice D.

aurait constitué la glose de Nāhaθya. Dans X, le mot ay subsiste clairement, mais, dans T, la déformation est telle que Nyberg, pour l'écrire nāhaiδyā, semble admettre que le nom démoniaque aurait conservé la finale de son thème avestique. L'extravagance de la différence que l'on constate par rapport à la lecture nākahēδ que West en avait donnée m'invite à examiner de près le détail de la graphie même si, à vrai dire, je ne m'explique pas comment West et Nyberg arrivent à de telles interprétations.

Pour bien appréhender la graphie pehlevie du nom avestique de Nāhaθya, il faut prendre en considération les éléments suivants : tout d'abord, dans *nå̄ŋhaiθ°*, les signes *å̄* et *ŋ* sont décomposables respectivement en *āə* et en *ṇg*. Ensuite, l'épenthèse ne comptant pas, nous devons partir de **nāəṇghaθ°*. Dans la première syllabe, *ā* sera rendu en pehlevi par l'aleph et *ə* par le yod ; dans la seconde, *a* ne sera pas noté et *θ* sera reflété par *s*[612]. La graphie pehlevie attendue est donc **n'ynghs*, mais le premier *n* cause la disparition du second qui, au vu du rendu pehlevi *'yvby'nghn|* (< * *'yvby'ynghn|*) de *aiβiiå̄ŋhan°* «ceinture», était pourtant requis : *n'yghs*. Telle est la graphie habituelle (e. g. ZA 5.1). Cependant, comme *s* peut se déformer en *yt* et que *y* devant *g* peut prendre la forme du *k*, K20, pour omettre de surcroît le *g*, en arrive à donner *n'khyt*. K20b, quant à lui, aura confondu *n°* avec la conjonction de coordination *V* dont le ductus est identique. De leur côté, DH et TD1 paraissent avoir redoublé indûment l'aleph de la première syllabe et donné au yod la forme d'un *b*, même si, pour la position médiale, ceci reste inusuel. Quant aux signes *yhh* qui doivent représenter la seconde syllabe, nous pourrions les lire *ghh* et considérer que le second *h* ne serait jamais que la miniaturisation de *s* attendu : **n'yghs* > **n''yghs* > *n''bghh*. TD2, pour sa part, semble avoir omis un jambage : **n''yghh* > **n''ygyh* > **n''yyyh* > *n''ykyh*. Il reste que le redoublement de l'aleph que montrent DH, TD1 ou TD2 et la forme inusuelle *b* du yod présente dans DH ou TD1

---

612 L'avestique *θ* est rendu dans la graphie pehlevie par *s*, mais, s'il est précédé de *i* ou *ī*, *t* est préféré. Exemples : *mtr|* représente Miθr° ; *gytyyh*, gaēiθii°īh.

ne sont pas sans rappeler la graphie de la particule ay (*'y*) dont le yod prend usuellement et licitement la forme du *b* comme c'est d'ailleurs le cas dans K20b. Tout se passe donc comme si la particule s'était introduite au beau milieu du nom de Nāhaθya : **n'yghs* ***'b*** > **n'* ***'b*** *yghh* > *n''bghh.*

Selon cette analyse, la tradition la plus conservatrice devrait être X, car *'y* disparut de K tandis que T, où la particule était absorbée à l'intérieur même du nom, introduisait de nouvelles données.

Quant à eux, les vingt dieux numérotés de la ZA 1.53 sont les suivants[613] :

[613] K et X ne donnent que les six premiers, sans les numéroter.

— Vahu Manah «pensée bonne» ; — Ṛta Vahišta «harmonie excellente» ; — Xšaθra Variya «influence recommandable» ; — Spantā Aramati «savante déférence» ; — Harvatāt «totalité» ; — Amṛtatāt «immortalité» ; — Ahura Mazdā «roi dispensateur de science»
— Ṛžugda Vac «parole rectilignement prononcée» ; — Srauša «déclamation»
— Manθra Spanta «textes savants» ; — Nariya Sanha «masculine définition» ; — Ratu Bṛzant «emboîtement haut» ; — Rašnu «orientation» ; — Miθra «échange» ; — Ārti «envoi» ; — Parandī «grossesse» ; — ×Hvarnah «aliment, fortune»[614] ; — Vāta «vent»
— [615]la légalité ; — le tandem concorde + prospérité en matière d'accusation et de défense

[614] Les mss. donnent *hvyy*, ce que BTA et Ny interprètent comme étant ×xvāb «le sommeil» (×*hv'b*), mais l'association connue d'Ārti, de Parandī et de Hvarnah (voir Pirart 2006b : 34 sqq.) invite à lire ×xvarrah (×*GDE*) «Hvarnah, aliment, fortune». La faute pourrait être expliquée par la proximité de ductus qu'il y a entre l'autre nom du «sommeil», *hvmn*| (xvamn), et *GDE*.

[615] Phl. <ud> nōzdahom dādestānōmandīh <ud> vīstom pad kār <ī> pēšēmālīh ud pašēmānīh āštīh ud abzōnīgīh.

Le développement du principe de l'extension faite de sept à neuf entrées paraît être la clé arithmologique de cette liste : (7 + 2 = 9) + (9 + 2 = 11) = 20.

L'opération qui sous-tend le tableau combine les nombres 7 et 9 de telle façon qu'apparaissent respectivement en cours de formation et comme aboutissement les nombres si recherchés de 11 et de 20.

La ZA 5.1, texte intitulé «Les Daiva principaux (= les Daiva Mazaniya ?) contre les Yazata Mānyava»[616], offre une énumération de plus de 40 entrées de paires d'adversaires. Les neuf premiers antagonismes sont les suivants[617], mais cette énumération n'apporte rien de nouveau :

[616] Plus exactement, ZA 5.0 dit ceci : abar[1] hamēstārīh[2] ī[3] dōān[4] mēnōyān[5] kū[6] cē-ēvēnag mad[7] hend mēnōyīhā[8] pad hamēstārīh[9] kamālīgān[10] dēvān ō mēnōyān yazadān .·. «Sur l'opposition des deux Manyu : comment, sur le plan du manyu, viennent en opposition les principaux Daiva avec les Yazata Mānyava». Absent de K et de X. Voir B.T. Anklesaria 1956 : 54. Dans le ms. DH (Khanlari 1971), le passage commence à la ligne 8 du folio 171v ; dans le ms. TD1 (Khanlari 1970), à la ligne 12 du folio 19r ; dans le ms. TD2 (JamaspAsa & alii 1978), à la ligne 6 de la page 47. **Notes** : [1]. *QDM* TD1 ; *'QDM* DH, TD2. ||| [2]. *hmst'lyh* DH, TD2 ; *hm'st'lyh* TD1. ||| [3]. om. DH, TD1, TD2. ||| [4]. *2* DH, TD2 ; *2'n* TD1. ||| [5]. La forme pehlevie du mot vieil-iranien manyu- qui aurait dû être orthographiée **mynvk|* est toujours alignée sur *mynvd* < manyaviya-. ||| [6]. *AYK* DH, TD1 ; *MNV* TD2. ||| [7]. *mt|* *mt|* DH. ||| [8]. *mynvdyh'* TD1 ; *mynvd g's* DH, TD2. ||| [9]. mss. *hmst'lyh.* ||| [10]. *km'l'k'n|* DH, TD2 ; *km'lk'n|* TD1.

[617] ... *'ndl* ... *s'vl*[1] ... *n'yg's*[2] *OL MNV*[3] *tlvmtc KLYTVNd* ... *t'vlyc|* ... *z'ylyc|*[4] .... Absent de K et de X. Voir B.T. Anklesaria 1956 : 54 sqq. Dans le ms. DH (Khanlari 1971), le passage commence à la ligne 10 du folio 171v ; dans le ms. TD1 (Khanlari 1970), à la ligne 14 du folio 19r ; dans le ms. TD2 (JamaspAsa & alii 1978), à la ligne 8 de la page 47. **Notes :** [1]. *(s'v)s'vlv* DH ; *s'l* TD1 ; *s'v*^{l} TD2. ||| [2]. *(n'yyghs) n'yghs* DH ; *n'ykhs* TD1. ||| [3]. *MN*^{V} DH. ||| [4]. *z'lyc* TD1.

Ahra Manyu	Ahura Mazdā
Aka Manah	Vahu Manah
Indra	Ṛta Vahišta
Sarva	Xšaθra Variya
Nāhaθya / Tarah-mati	Spantā Aramati
Tūrvi	Harvatāt
Zarianc	Amṛtatāt
Išma	Srauša
Miθah-uxta	Ṛžugda

Le trente-quatrième ou antépénultième chapitre de la Zand-āgāhīh (ZA 34) fait une énumération de neuf paires d'antagonistes, assez habituelle en ce que, par exemple, la liste des sept Amṛta Spanta est augmentée de Ṛžugda Vac et de Srauša Ṛtaya (ZA 34.27-30)[618] :

[618] Le seul texte pehlevi que, pour l'étude des démons qui nous intéressent, Dumézil ait sollicité (1968-1973 : I 221 n. 1 ; 1986 : 239). La numérotation est 30.29-30 chez West 1880-1897 : I 128 sqq. Les corrections sont données par rapport à B. T. Anklesaria 1956 : 290 [BTA]. Dans le ms. DH (Khanlari 1971), le passage commence à la ligne 2 du folio 226r ; dans le ms. TD1 (Khanlari 1970), à la ligne 10 du folio 97r ; dans le ms. TD2 (JamaspAsa & alii 1978), à la ligne 4 de la page 227 ; dans le ms. K20 (Christensen 1931), à la ligne 6 du folio 126v ; dans le ms. K20b (Christensen 1931), à la ligne 10 du folio 16v.

pas ohrmazd gannāg mēnōy ud[619] vohu.man° akō.man°[620] ud[621] aš̥°<ī>vahišt°[622] indr°[623] ud[624] šahr<ī>ver[625] saur°[626] ud[627] spandarmad[628] tarō.mait°[629] {ī[630] ast[631] nā̊ŋhaiθ°[632]} ud[633] hordād[634] ud[635] amurdād[636] taur°-iz[637] ud zāir°-iz[638] ud[639] <ān ī>[640] rāst gōvišn[īh][641] ān[642] ī[643] drō[644] gōvišn[īh][645]

---

[619] om. DH, TD1, TD2, K20, K20b.

[620] *'kᵛm* K20.

[621] om. DH, TD1, TD2, K20, K20b.

[622] *'rtvhšt|* DH ; *'vrtvhšt|* TD1, TD2 ; illisible dans K20 ; *'švhšt|* K20b.

[623] *'ndl* DH, TD1, TD2 ; *'ndəl* K20 ; *ynd'l* K20b.

[624] om. TD1, K20, K20b.

[625] *štr|yvl* DH, TD1 ; *štyrvl* TD2 ; *štyvr* K20 ; *štryvl* K20b.

[626] *s'vl* DH, TD1, TD2 ; *sāvl* K20 (avec *āv* avestique) ; *sāuual* K20b (en caract. av.).

[627] om. DH, TD1, TD2, K20.

[628] *spdrtmt|* DH ; *spdrmt* TD1 ; *spdrmt|* TD2, K20b ; *spndrmt* K20.

[629] *tlvkmt* DH ; *tlvkmt|* TD1, TD2 ; *tarō maiti* K20 ; *tarōmit.* K20b.

[630] om. TD2, K20, K20b.

[631] *AYT* DH ; *AYT|* TD1, TD2 ; *hast* K20 et K20b (tous deux avec *h* avestique).

[632] *Y aŋhaiθ* DH ; *Y aŋhaiθi.* TD1 ; *aŋhaiθ* .·. TD2 ; *nāvŋhas* K20 (le tout en caractères avestiques) ; *nāvaŋhasc* K20b (le tout en caract. av. sauf *c*).

[633] om. DH, TD1, TD2, K20, K20b.

[634] *hvrdt|* DH, TD1, TD2 ; *hvrdt* K20, K20b.

[635] om. DH, TD1, TD2, K20, K20b.

[636] *'mvrdt|* DH, TD2, K20b ; *'mvrdt* TD1, K20.

[637] *t'ylyc* DH, TD2 ; *t'ylc* TD1 ; illisible K20 ; *t'lyc* K20b.

[638] *z'ylyc* DH, TD2; *z'ylc* TD1 ; *z'lyc* K20, K20b.

[639] om. K20.

[640] om. DH, TD1, TD2, K20, K20b.

[641] *gvbšnyh* DH, TD1, TD2, K20, K20b.

[642] *ZK* DH, K20b ; *OL* TD2, K20.

[643] om. TD2, K20, K20b.

[644] *KDBA* DH, TD1, TD2; *dlyvd* K20 ; *dlvd* K20b.

ud[646] sraoš°< ī >ašaii°[647] aēšm°[648] ī[649] xruu°druš[650] gīrēnd

Ensuite Ahura Mazdā saisira Ahra Manyu ; Vahu Manah, Aka Manah ; Ṛta Vahišta, Indra ; Xšaθra Variya, Sarva ; Spantā Aramati, Tarah-mati {c'est-à-dire Nāhaθya} ; Harvatāt et Amṛtatāt, à la fois Tūrvi et Zarianc ; Ṛžugda Vac, Miθah-uxta Vac ; Srauša Ṛtaya, Išma Xravidru.

ud[651] pas dō draojin°[652] frāz mānēnd ahreman[653] ud āz[654]

Alors ne resteront plus que les deux Draujana, Ahra Manyu et Āzi.

ohrmazd ō[655] ×gaēiθii°īh[656] āyed xvad zaot° <ud>[657] sraoš°< ī >ašaii°[658] rāspīg ud[659] aiβiiåŋhan°[660] pad dast dārēd

---

645 Avec DH *gvbšn* et TD1 *gvbšn|* *Y* contre TD2 *gvbšnyh* et K20b *gvbšnyh·*.

646 om. TD1, TD2, K20.

647 *slvš hlyy* DH ; *slvšhylyy* TD1 ; *slvš hl'd* TD2 ; *slvš* K20, K20b.

648 *'yšm* DH, TD1 ; *V'yšm* TD2 ; *'šm* K20, K20b.

649 om. K20, K20b.

650 *hvldlpš* DH, TD1 ; *hlvhdlpš* TD2 ; om. K20, K20b.

651 om. TD1, TD2, K20, K20b.

652 *dlvc* DH, TD1, K20, K20b ; *dlvcn* TD2.

653 *'hlymn|* DH, TD1, TD2 ; *'hlmn* K20, K20b.

654 *'c* DH, TD1, TD2 ; *'c|* K20, K20b.

655 *OL* DH, TD1, TD2 ; *'v|* K20, K20b.

656 *styy* DH, TD1, TD2, K20, K20b.

657 om. TD1, TD2.

658 *slvš hl'* DH ; *slvšhylyy* TD1 ; *slvš hl'd* TD2 ; *slvš* K20, K20b.

659 om. K20, K20b.

660 *'sycyhyyhn|* DH, TD2 ; *'sycyhyyhn* TD1 ; *syvyhdhsss* K20 ; *aiβiiåŋhən* K20b. La graphie attendue est *'yvby'ynghn|* avec *vb* représentant l'avestique *b* ; *'y*, *å* ; *ngh*, *ŋh*. Le mot avestique *aiβiiåŋhanəm* que la graphie pehlevie cherche à reproduire, artificiellement utilisé pour désigner la ceinture, est en réalité le participe présent moyen du verbe correspondant.

Ahura Mazdā descendra dans le monde pour y jouer lui-même le rôle de zautar (= prêtre principal) tandis que Srauša R̥taya représentera le reste du corps sacerdotal et tiendra la ceinture en main[661].

ud[662] gannāg mēnōy ud[663] āz pad ān ī gāhānīg nīrang zad[664] abzārīhā ud agārīhā[665] ++tar[666] ān vidarag ī[667] āsmān ī[668] padiš andar dvārist abāz ō tom[669++670] {ud[671] tār} ×dvārend[672]

Et, suite aux récitations gâthiques[673], Ahra Manyu et Āzi, du fait de leur faiblesse et de leur incapacité d'action, repassant par le passage céleste par où ils s'étaient glissés, se fourvoieront dans la ténèbre {ou l'obscurité}.

Sur base de ce passage, nous pouvons établir le schéma suivant :

[661] Le dieu Srauša «déclamation», appelé aussi Dāta «loi», est le *Varuṇa* de l'Avesta, celui qui châtie. Son port de la ceinture l'oppose à Indra.

[662] om. TD2.

[663] om. K20, K20b.

[664] Contre BTA selon qui le mot est à prendre en composition avec le suivant. TD1 donne *zyt*.

[665] *'k'l* DH, TD2 ; *'yk'l* TD1 ; *'k'lyh'* K20, K20b.

[666] *LCDrk* DH, TD2 ; *tl OB̲YDVNd* K20, K20b.

[667] om. DH, TD2, K20, K20b.

[668] om. DH, TD2, K20, K20b.

[669] *tm* DH, TD2 ; *tvm* K20, K20b.

[670] om. TD1.

[671] om. K20, K20b.

[672] Nous attendons le pluriel si la totalité de la coordination des sujets précède, mais nous trouvons *dvb'lyt* K20, *dvb'lyt|* K20b ; om. DH, TD1, TD2.

[673] Cf. V 10.

Ahura Mazdā	Ahra Manyu
Vahu Manah	Aka Manah
Ṛta Vahišta	Indra
Xšaθra Variya	Sarva
Spantā Aramati	Tarah-mati {= Nāhaθya}
Harvatāt + Amṛtatāt	Tūrvi + Zarianc
Ṛžugda Vac	Miθah-uxta Vac
Srauša Ṛtaya	Išma Xravidru

L'augmentation de sept à neuf est un cas de figure bien connu : sept ou neuf sages, sept ou neuf rivières. Les dieux supplémentaires sont presque toujours les mêmes, que nous adoptions la série archaïque des paires d'antagonistes ou celle qui fait place aux démons qui nous occupent.

Appendice F

Les psychopompes du Dādestān ī Mēnōy Xrad

[674]Avec cet Appendice, nous allons voir que le Dādestān ī Mēnōy Xrad (MX) «traité du Mānyava Xratu»[675], ouvrage encyclopédique fait des réponses données à 62 questions concernant la religion zoroastrienne, connu en plusieurs versions (pehlevi, pāzand, sanscrit, gujarati, persan), dont la date reste incertaine[676], fournit un autre reflet iranien négatif des jumeaux proto-indo-iraniens que les Daiva Nāhaθya Tūrvi et Zarianc ou que les Draujana Šuda et Tr̥šna, à moins que nous devions y voir une nouvelle facette de l'un de ces tandems.

Dans la version que le MX donne de l'aventure que l'âme connaît après le décès, cette dernière trouve sur le chemin de l'au-delà plusieurs divinités qui viennent à son aide et plusieurs démons qui cherchent à lui mettre des bâtons dans les roues (MX 2.115)[677] :

---

[674] Cet Appendice correspond à une communication faite au Collège de France au cours d'un colloque organisé par Jean Kellens les 9 et 10 mai 2005.

[675] Sur ce titre, Pirart 2006b : 26 n. 14.

[676] Pourrait même être antérieur à la conquête musulmane (West 1880-1897 : III xvi sq.). Les plus anciens mss. de la version pehlevie datent du XVIe siècle (West 1880-1897 : III xviii sqq.).

[677] Les leçons du ms. K43a, où le passage commence à la ligne 8 du folio 136r, sont données selon le facsimile (Christensen 1936a) ; celles du ms. TD2 et le pāzand, selon T. D. Anklesaria 1913 [TDA]. Pour la version sanscrite, que je donne sous une orthographe normalisée et respectueuse des sandhi, j'ai consulté West 1871, mais aussi Bharucha 1912 [Bh]. Version pāzand : *u rōž i cihārum aṇdar hōšbąm pa āβāgī i srōš i ašō u vaē i vəh u vaharąm i amāuuaṇt u hamə̄stārī i astvahāṱ*[1] *u vae i vatar u frəhzišt* <*i*> *dəuu u nīzišt* <*i*> *dəuu u duš.kām.kardārī i xašm i* ˣ*anā.kardār*[2] *i xruī.draoš aṇdā ō caṇdōr.puhal i bulaṇd i sahmgin kə har ašō u daruuaṇd hauuaš madār*

ud rōz[678] ī cahārom andar uš-bām[679] pad abāgīh ī sraoš° <ī>[680] ašaii° ud vaii° ī veh ud vahrām[681] ī

šahōṯ ; traduction sanscrite : *caturthe ca divase 'ntaś caitanyatejasa udaye*[3] *sāhāyyena srośasya puṇyātmakasyānandaīajadasya cottamasyānandādhipater*[4] *bahirāmaīajadasya cotsāhino vijayādhipater*[5] *vipakṣatayā cāstigvahādayamasya*[6] *viṣādadevasya ca nikṛṣṭasya*[7] *phrejiśtadevasya*[8] *<ca> nījiśtadevasya*[9]*<ca> duṣṭakāmakāritayā ca kopadevasyānyāyakartur hiṁsāśastrasya yāvac candorapuhalanāmānaṁ setuṁ yaṁ viśālataraṁ ca bhayavattaraṁ ca yaṁ sarveṣāṁ muktātmanāṁ cāmuktātmanāṁ ca saṁmukham āgantāraṁ prayāti* ‖ 115 ‖. **Notes :** [1]. L'auteur de la version pāzand a lu *'stvh't*|. ||| [2]. Mss. *anā.kardārī.* ||| [3]. «Au lever du (Soleil) qui a la conscience pour éclat»: Neriyosangh ne reconnaissait plus le nom de l'aurore comme tel. ||| [4]. «De l'excellent Yazata du bonheur, le patron du bonheur». ||| [5]. «De l'énergique Yazata Vr̥θragna, le patron de la victoire». ||| [6]. Bh *°tigvihādaya°*. ||| [7]. «Et au vil démon de la désolation». ||| [8]. Bh *phrejistadevasya.* ||| [9]. Bh *nījistadevasya.*

[678] Le groupe rōz ī cahārom est complément du nom ušbām contre la traduction sanscrite : rōz ī cahārom andar ušbām revient à dire **andar ān ī rōz ī cahārom ušbām.

[679] La lecture alternative ou éventuelle que Mackenzie propose (1971 : 62), ōš(e)bām, sur base du manichéen *'všyb'm* qui paraît montrer l'eżāfe fait difficulté puisque *b'm* est non adjectif, mais substantif. L'adjectif, qui est *b'my* (bāmī) ou *b'myk* (bāmīg), peut cependant remplacer *'všb'm* dans ce type de syntagme : e. g. DD 7.1 <ud> [pad] šab ī sidīgar andar bāmīg «et, dans l'aurore de la troisième nuit» (Jaafari-Dehaghi 1998 : 54 sq., qui traduit correctement, ne donne pas ces corrections) ; VZ 30.33 šab ī sidīgar andar bāmīg ou bāmī selon les manuscrits (voir Gignoux & Tafazzoli 1993 : 104 sq., 269, 360 n. 7) ; Dk 5.12.7 harv rōz andar bāmī «dans l'aurore de chaque jour» (Amouzgar & Tafazzoli 2000 : 48 sq.) ; RPDD 48.69 ud šab ī sidīgar pad ušbām «à l'aurore de la troisième nuit» («And at dawn after the third night» : Williams 1990 : I 182 sq., II 84).

[680] Il est fréquent que l'eżāfe ne soit pas écrite notamment après °š ou devant y° (e. g. ādur <ī> yazad), mais c'est par haplographie. Cependant, si *slvš* et *'hl'd* sont bien à considérer tous les deux comme des transcriptions de l'avestique, il est permis de douter de la présence de cette eżāfe.

[681] Forme tardive pour varhrān.

amāvand ud hamēstārīh[682] ī astō.vīδāt°[683] ud vaii° ī vattar[684] ud *pl'yzyšt|*[685] <ī>[686] dēv ud *nzyšt|* <ī>[687] dēv ud duškām-kardārīh ī aēšm°[688] ī anāg-kardār ī xruu°.draoš[689] .·. tā ō cinuuat.pəṣ̌°[690] ī buland ī sahmgen[691] kē[692] harv kē[693] aṣ̌auu° ud druvand aviš madār <šaved>[694]

Et, dans l'aurore du quatrième jour, avec l'assistance du pieux Srauša, de l'excellent Vāyu et de l'impé-

---

[682] *hmyst'lyh*, mais K43a *hmst'lyh* (haplographie °*ys*° > °*s*°).

[683] *'stvyd't|*. La graphie en °*y*° du préverbe dénonce l'avesticisme, mais les livres pehlevis, à écrire de la sorte le nom de ce démon, témoignent de la forme génitive avestique **astō.vīδātaoš* tandis que les textes avestiques conservés ne contiennent jamais que le nominatif *astō.vīδōtuš*.

[684] *SLYtl*, mais TD2 *SLYAtl*.

[685] K43a *plzyšt|*.

[686] om. K43a.

[687] om. K43a.

[688] *'yšm*, mais K43a *'šm* (haplographie °*yš*° > °*š*°). Avesticisme dans lequel *a* initial de l'avestique *aēšma-*, par confusion, s'est mué en *h* pour être prononcé finalement x et survivre ainsi jusqu'en turc ottoman (hišm)

[689] *hvldlvš*. Pour ce composé avestique *xruuī.dru-*, dans la transcription interprétative, je mets en évidence, au moyen de °, que le premier terme a subi l'amputation de sa finale °*uuī* (comme dans *aṣ̌iš.vaŋ***huuī** > *'hlyšvng* aṣ̌iš.vaŋh°) tandis que le second arbore la due finale génitive. Néanmoins, le premier terme a été vocalisé avec l'un des phonèmes retranchés comme pəṣ̌° est écrit *pvhl* avec °*v*° provenant du °*u*- de *pəṣ̌u-*.

[690] ˣ*cynvdpvhl* contre les mss. (y compris ceux auxquels Neriyosangh faisait confiance) qui donnent *cndvlpvhl*.

[691] Nyberg (1964-1974 : I 72, ligne 12) veut restituer ici <rasēd> (<*YHMTVNyt|*>).

[692] *MNV* avec les mss., contre TDA qui proposait ˣ*AMT* (ˣka).

[693] K43a, auquel TDA et Nyberg (1964-1974 : I 72 ligne 13) faisaient ici confiance, saute ce second *MNV*. Pour harv kē, cf. Nyberg 1964-1974 : II 96.

[694] <*OZLVNyt|*> avec Anklesaria et le pāzand.

tueux Vr̥θragna, mais en s'opposant[695] à Astah-vidātu, au mauvais Vāyu, au Daiva *pl'yzyšt|* et au Daiva *nzyšt|*, et contre la volonté d'Išma qui fait du mal avec sa lance cruelle, jusqu'à la haute et terrible Cinvatpr̥tu[696], vers laquelle chacun des r̥tavan et des drugvant doit aller, (ton ruvan) ira.

Trois divinités psychopompes aident l'âme-moi, le ruvan, à quitter le chevet de la dépouille pour rejoindre la Cinvatpr̥tu, le pont qui permet d'aller de ce monde à l'autre : Srauša, Vāyu et Vr̥θragna. Le camp adverse, quant à lui, se compose de cinq

---

695 Il ne faut peut-être pas traduire {pad} hamēstārīh ī «avec l'opposition de» en faisant de ī astō.vīδāt° un génitif subjectif : l'avestique *hamaēstar-* «qui s'oppose à» se dit non jamais des démons, mais toujours des dieux.

696 «Le pont de celui qui fait le tri» (contre Kellens 1988 : 329-334). Les traductions pāzand et sanscrite reproduisent la corruption fréquente *cndvlpvhl* du pehlevi (voir Bartholomae 1904 : col. 597). Celui-ci est à corriger sur base du Vr 7.1, mais il convient de préciser que la graphie du premier terme *cynv(p)t|* que renseigne Mackenzie (1971 : 22) doit reproduire un avestique amputé *cinuuatō* > cinuuat° (cf. H 2.2 ˣ*'vštvy(p)t g's* uštauuait° gāθ° < *uštauuaitī- gāθā-* [ms. H6 *'vštvnpt g's*; ms. K20 *'vštvnt g's*. Sur ces manuscrits, voir Piras 2000]), tandis que celle-ci, ˣ*cynvdpvhl*, avec son *d*, doit reproduire *cinuuat̰* avec °*t̰*. Le mot «pont», quant à lui, apparaît sous trois formes dans les textes pehlevis : Kirdīr utilise *pvls*, qui reproduit un avestique amputé *pərəθβō* (V 2.30) > pərəθ°, tandis que les livres pehlevis recourent à *pvhl*, qui reproduit un avestique amputé *pəṣ̌u-* > pəṣ̌°, et à *pvl*, l'ancêtre du persan *pl* (pol), dont l'étymologie fait difficulté (v.-ir. **pr̥tu-* > dialectal **pr̥du-* > *pvl* ?). Il résulte de ceci que la plupart des livres pehlevis témoignent de formes avestiques inattestées : **cinuuatō pəṣ̌u-* et **cinuuat̰.pəṣ̌u-*. En effet, dans les textes avestiques conservés, nous ne trouvons que *cinuuatō pərətu-*, *pəṣ̌ūm yim cinuuatō* et *cinuuat̰.pərətu-*. Une autre désignation de ce pont est cēh-vidarag (*cyhvtlg*) «traversée des lamentations», par étymologie populaire, mais si *cyh*° descend de vieil-iranien ciθā- «tri, punition», ce sera plutôt «la traversée du tri».

démons : le Daiva Astah-vidātu, le mauvais Vāyu, deux Daiva énigmatiques[697] et, enfin, le Daiva Išma.

Avant de nous pencher sur les deux démons énigmatiques, identifions les autres. Tout de suite, nous voyons que le dernier, qui est bien connu — c'est Asmodée —, est l'adversaire habituel de Srauša, le premier item de la liste des dieux psychopompes. La liste des démons serait donc donnée dans l'ordre inverse si, malgré la disparité numérique de cinq contre trois, l'idée d'une opposition terme à terme est à retenir :

Srauša	Išma
le bon Vāyu	le mauvais Vāyu
---	les deux démons énigmatiques
Vr̥θragna	Astah-vidātu

La dernière opposition terme à terme se défend sur base d'une remarque du Dk 3.192[698] selon laquelle Astah-vidātu est le nom qu'il convient de donner à la planète que les astrologues appellent scandaleusement Vr̥θragna. En dehors de cela, Astah-vidātu est assez bien connu : comme son nom l'indique, ce démon, lié à la mort, représente la dislocabilité de l'ossature et, à ce titre, est ici à sa place.

Les deux démons énigmatiques doivent former une paire pour s'appeler de noms qui riment : *phrejiśta* et *nījiśta* dans le sanscrit de Neriyosangh. Ce sont visiblement deux composés dont le second terme est commun, zīšt «repoussant, laid», l'adjectif pehlevi qui remonte à l'iranien ancien *zōiždišta-*, le superlatif tiré de √ *zižd* (= véd. *HĪḎ*[699]) «inspirer de l'aversion». La laideur étant ainsi une caractéristique partagée par les deux

[697] Voir West 1871 : 80 et 147; West 1880-1897 : III 17 n. 5 ; Pavry 1926 : 83 n. 60 ; Nyberg 1964-1974 : II 75 et 143.

[698] Voir de Menasce 1973 : 200.

[699] Voir Mayrhofer 1992-2001 : II 819.

démons, il sera tentant d'y reconnaître un reflet négatif des *Aśvin* puisque ceux-ci, comme Stig Wikander[700] et Georges Dumézil l'ont souligné[701], sont caractérisés par la beauté.

Il nous faut à présent chercher à reconnaître la syllabe initiale de chacun de ces deux noms. Les différentes versions du texte sont ici divergentes ou fluctuantes. Par exemple, je remarque que la voyelle de la syllabe initiale du second est longue tant chez Neriyosangh (*nījiśtadeva-*) que dans la version pāzand (*nīzišt*) contre le pehlevi *nzyšt*|. Dans ce nom, l'adjectif ne serait donc pas sûrement préverbé de ni+[702]. En effet, en pehlevi, le préverbe ni- s'écrit normalement *n*[703], mais *ny* seulement si le mot est une transcription de l'avestique. Or, étant donné *zīšt*, le mot est sûrement authentiquement pehlevi. Dès lors, si, sur base de Neriyosangh et du pāzand, il est sans doute souhaitable de corriger le mot en ˣ*nyzyšt*|, le premier terme ne peut plus être le préverbe.

Le premier terme du premier nom est lui aussi d'une lecture incertaine qui écarte le préverbe fra+ :

pehlevi selon TD2	*pl'yzyšt*|
pehlevi selon K43	*plzyšt*
pāzand	*frəhzišt*
Neriyosangh	*phrejiśta-*

Neriyosangh et le pāzand s'accordent pour nous inviter à reconnaître comme premier terme du mot pehlevi l'adverbe freh (*plyh*) «davantage», dont frāy (*pl'y*) est une variante admise par Mackenzie[704], mais, comme les deux noms doivent former une paire, il sera souhaitable de reconnaître un contraste ou une cohérence entre les deux premiers termes. Voici donc ce que je propose : ˣ*pl'zyšt*| et ˣ*nyzyšt*| auraient été déformés le

---

[700] «Nakula et Sahadeva», Orientalia Suecana 6, 1957, 66-96.

[701] 1968 : 65.

[702] Remarquons à ce propos que le préverbe ni+, en avestique, s'écrit avec la voyelle brève devant *z* : *nizəṇga-* «cheville».

[703] Exemple : nišastan écrit *nšstn*|.

[704] 1971 : 34.

premier sous l'influence dudit adverbe et le second sous celle du préverbe ; les séquences ˣ*pl'*° et ˣ*ny*° représenteraient les adverbes en °z̲ (°*c*) tirés des préverbes fra+ et ni+ : frāz, parfois écrit *pl'c*[705] plutôt que *pr'c*, et *nīz, qui devrait s'écrire **nyc*, auraient apparemment perdu leur graphème final en raison de l'initiale z̲° du second terme[706]. Le contraste serait dès lors celui que forment les préverbes ii. **prá* et **ní* lorsqu'ils sont en couple. Le premier, peu explicite, est à interpréter d'après le second : s'il est en contraste avec *nīz «vers le bas» (cf. véd. *nyàñc-*), frāz doit signifier «vers le haut» tout comme, dans le V 2.30, *fratəma-* s'oppose à *maδəma-* et à *nitəma-* pour désigner la partie supérieure du Vara de Yama par rapport aux moyenne et inférieure. Avec le repoussant de ce côté-là (frāz-zīšt > frāzīšt) et le repoussant de ce côté-ci (nīz-zīšt > nīzīšt), nous serions donc en présence d'un écho de la vieille opposition qui rapproche l'un des jumeaux du ciel et l'autre de la terre[707].

Il reste que frāz-zīšt et nīz-zīšt ne peuvent facilement jouer le rôle de noms propres de démons hérités de l'Avesta et que, fondamentalement, ce sont bien plutôt des épithètes même si l'auteur du MX les emploie comme des noms propres. Qui sont donc les deux démons qui se joignent au mauvais Vāyu? Tūrvi et Zarianc? Autre question sans réponse : qui sont les dieux passés sous silence auxquels s'affrontent les deux démons repoussants?

Il faut bien sûr envisager la possibilité que l'énumération ne se soit passé d'aucun théonyme et que l'absence des jumeaux parmi les dieux psychopompes soit à attribuer au caractère interchangeable qu'ils présentent avec Vāyu : le char des *Aśvin* est un symbole du temps qui passe et qui, ce faisant, pousse les âmes vers leur destin, et *Vāyu* lui aussi est le Temps.

---

705 E. g. K43a pour MX 2.140.

706 Cependant, d'autres phonèmes consécutifs peuvent exiger *z* au lieu de *c* comme c'est le cas dans nīzdēn (?) écrit *nyzdyn*| «gloomy (?)» (Jaafari-Dehaghi 1998 : 136 sq. et 224).

707 Cf. e. g. ŚBM 4.1.5.16 *átha yád aśvínāv ítīmé ha vái dyā́vāpṛthivī́ pratyákṣam* «Maintenant, ce que (le texte) appelle 'les Aśvin', ce sont en clair ciel et terre».

Dès lors, comme la présence des jumeaux à côté du mauvais Vāyu ne serait pas indispensable, nous pourrions considérer leur mention comme le fruit de quelque réminiscence populaire. Je trouve compréhensible que le temps pût être vu comme un dieu ou un démon psychopompe. En dépit des interrogations, une certitude me semble pouvoir être engrangée : leurs désignations riment, ils sont empreints de laideur, ils sont l'un en rapport avec ce côté-là et l'autre avec celui-ci, ils se joignent au mauvais Vāyu : ce sont quatre indices à l'instant d'affirmer que nous sommes, avec frāz-zīšt et nīz-zīšt, en présence d'un nouveau reflet iranien des *Aśvin.* La vie et la mort ne sont-elles, jumelles, les roues du monde, et ce cadavre que disloque Astahvidātu, ce cadavre dont il «démet le squelette» ne nous fait-il figure d'alter ego?

Ceci dit, la présentation des faits telle que je l'ai conduite jusqu'ici obéit à un schéma, inconscient et irréfléchi dans un premier temps, sur lequel j'en suis ensuite venu à me pencher pour m'apercevoir qu'elle était en partie inexacte. La réalité est celle-ci : c'est, par exemple, fort de savoir que Stig Wikander et Georges Dumézil avaient mis la beauté des *Aśvin* en évidence que j'ai pu détecter et interpréter la présence de l'adjectif zīšt en second terme des deux composés jumeaux, que j'ai pu reconnaître la laideur des deux démons et que j'ai pu avancer leur identification comparative.

Au cours de la discussion qui a suivi le présent exposé, Prods Oktor Skjærvø m'a suggéré d'explorer une autre possibilité, celle d'expliquer le nom des deux démons jumeaux par la racine avestique √ *zarš*. Il s'agirait ainsi de lire *plzyšt|* et *nzyšt|* pour y voir les adjectifs verbaux frazišt et nizišt du verbe rare[708] issu de l'avestique √ *zarš*[709], zištan «tirer, traîner», préverbé de fra° ou de ni°, mais cette possibilité, en raison du caractère passif de tels adjectifs verbaux, ne me paraît pas offrir

[708] Ce verbe n'est pas enregistré par Mackenzie 1971.

[709] Sans étymologie sûre (Kellens 1984 : 109 n. 23). Il faudrait l'orthographier √ *zrah* si un rapport était à trouver avec le védique *HRAS* (sur cette dernière racine, voir Mayrhofer 1992-2001 : II 823).

de sens satisfaisant : «celui qui a été tiré ou traîné vers l'avant ou vers le haut» et «celui qui a été tiré ou traîné vers le bas».

Ceci dit, il est vrai que, dans l'Avesta, les deux seules attestations de √ *zarš* sont précisément préverbées l'une de *frā* et l'autre de *nī* (Yt 10.38.2 et V 19.30.2) :

> *xrūmīm gāuš yā* ˣ*caŋgraŋhāxš*[710] V *varaiθīm*[711] *paṇtąm azaite* V *yā darənāhu miθrō.drująm* V *maṣ̌iiānąm frazaršta*
>
> La vache[712], sur le chemin de la cruauté et de la captivité, est traînée avec la longe, elle que, (suppôts des Daiva) qui nuisent à l'échange, les mortels ont poussée dans les crevasses[713] ;
>
> *hā druuatąm* †*ayəm*[714] *uruuānō*[715] V *təmō.huua* †+*nizarəšaiti*[716] ∴
>
> La (Dainā) entraîne les mauvais ruvan des drugvant dans les ténèbres.

Comme le contexte de V 19.30.2 correspond assez à celui du MX 2.115 — tous deux traitent du sort de l'âme après la mort —, il convient donc de poursuivre la réflexion. Afin de

---

710 Avec Hoffmann (apud Kellens 1974 : 301 ; cf. Narten 1986 : 102 n. 60 ; Hoffmann & Narten 1989 : 69 n. 112), contre G *caŋraŋhāxš*.

711 Dérivé en -iya- de **varəθā-* «captivité» (cf. Yt 10.86.1a). Graphie comme dans Y 28.10 *x*ᵛ*araiθiia-* < hu-arθiya- «appartenant à qui possède un bon objectif» (voir Kellens & Pirart 1988-1991 : III 27).

712 Symbole de Dainā?

713 Ceci paraît faire allusion à certains types réprouvés de mises à mort rituelles.

714 Bartholomae (1904 : col. 47) propose ˣ*ayąm*, mais l'anomalie de pareilles finales (°*əm*, ˣ°*ąm*) pour l'accusatif masculin pluriel — j'attendais °*ə̄* — m'invite à recourir au signe †.

715 Nominatif mis pour l'accusatif (lo. hā drugvatām agānh rūnah).

716 Correction due à Bartholomae (1904 : col. 47, mais non reprise col. 1684), contre G *nizaršaite*, mais l'incertitude qui, selon Kellens (1984 : 108), entoure la forme exacte de ce verbe (bhvādi ou tudādi? actif ou moyen?) m'invite à l'affubler du signe †.

contourner les obstacles de la rareté du verbe pehlevi et du sens passif de son adjectif verbal, il serait intéressant de prendre ˣ*pl'zyšt*| et ˣ*nyzyšt*| comme la transcription pehlevie approximative ou détériorée de noms d'agent avestiques en *-tar-* mis au nominatif masculin singulier : ***frāzarəštaca nizarəštaca*[717], puisque les procès seraient alors actifs et purement avestiques, mais le contraste que forment les idées de tirer le ruvan vers le haut et vers le bas se conçoit mal si les deux agents sont démoniaques l'un comme l'autre. Cependant, l'ancienne opposition des jumeaux indo-européens pourrait avoir été réajustée à la faveur de la polysémie du préverbe *frā* : au lieu de lui donner le sens de «vers le haut» d'après celui de «vers le bas» qu'il faut attribuer à *nī*, il faudrait simplement le comprendre avec le sens de «vers l'avant» ou comme marque d'intensité : les deux démons pousseraient le ruvan, l'un vers l'avant ou avec force et l'autre vers le bas.

Comme pareille alternative qui, certes, s'avère plus complexe, de surcroît, n'offrirait plus de point de correspondance à la beauté des *Aśvin* pour ne garder qu'un reflet affadi de leur contraste, je m'en tiens à la première hypothèse.

[717] Cela n'est évidemment envisageable que si la racine est du type CVCC et n'est pas à rapprocher du védique *HRAS*. Une transcription pehlevie soignée de ces mots eût offert les orthographes ˣ*pl'zlyšt*| et ˣ*nyzlyšt*| avec °*yš*° < °*əš*° comme dans le nom du Daiva *vyzlyš* (e. g. ZA 30.4.2) < avestique *vīzarəša-*. La différence graphique qu'arbore *frā.vərəsa-* «qui a les poils hérissés» par rapport à *varəsa-* «poil» montre que l'intensité avec laquelle la prononciation liturgique médiévale produisait le préverbe était propre à atténuer l'ouverture de la syllabe radicale *varə*° en *vərə*°. Nous pouvons donc imaginer que le nominatif masc. sg. du nom d'agent en *-tar-* de *frā*+√ *zarš* devait avoir la forme **frā.zərəšta* plutôt avec °*ərə*° qu'avec °*arə*°. La forme pehlevie, pour contenir un yod au lieu d'un aleph, trouverait ainsi meilleure justification.

Appendice G

Aspects de la sodomie selon le Dēnkard

Il n'est pas à écarter que seul l'incipit de l'avant-dernière section de la première Gāθā, Y 33.1a *yaθā āiš iθā* «Comme tu l'as désiré, ainsi», qui devait servir de titre au neuvième chapitre du Stut°gar° Nask, ait quelque relation avec le contenu de ce dernier : aux yeux de l'auteur du chapitre, ce début de phrase ferait ainsi allusion à l'homosexualité, car il est par ailleurs assez étonnant que l'homosexualité, si condamnée[718], puisse être mise en corrélation avec la strophe Y 33.1 dont, faut-il remarquer, le verbe *hə̄miiāsaitē* évoque la Hamyastakānā, cette sorte de purgatoire mazdéen.

Le neuvième chapitre du Stut°gar° Nask, selon la description que nous en donne le Dk 9.9[719] certes ne traitait pas uniquement de l'homosexualité, mais ce motif vient y clore deux listes, toutes deux de sept termes, avec une certaine insistance. La première (Dk 9.9.1-2) énumère des maux qui ne sont pas spécialement typés à l'exception des deux derniers dont on ne sait au juste le sens pour être ceux de sodomiser non seulement les bonnes instaurations relevant de la Gaiθā, le monde matériel, mais aussi celles qui relèvent du Manyu, le monde immatériel — Que signifie donc «sodomiser une abstraction»? — :

nhvm[720] *plglt*| ˣ*ys'yšys'* .·.[721] *QDM ŠDYAyh V*[722]
zt[723] *GDEyh V*[724] *pvl*[725] *lymmyh*[726] *V*[727] *gl'n gndyh V*

---

[718] Cf. AVN 19.

[719] Texte et traduction anglaise : Sanjana 1874-1928 : XVII 16-17 [Sj] et 15 ; texte : Madan 1911 : II 794 [Md] ; mss. K43b:24r16-24v05 (Christensen 1936 : II) et MR 150:1-13 (Dresden 1966 : 71) ; absent de B (voir Dresden 1966 : 38 n. 15), mais Sanjana donne MR en le nommant DM, c'est-à-dire B.

[720] *nvhvm* Sj.

[721] *yhshyš*.·. K43b ; *yhshsš*.·. MR ; *yhshhš* Md ; ˣ*yshhyš* Sj.

gl'n vn'syh V 'c'l <Y>[728] *hm'k mynvdyk V ×gytydyyk*[729] *nyvkyh*[730] *kvn mlc| .·.*

nohom fragard yaθāišiθā abar dēvīh ud zad-xvarrahīh ud purr-rēmanīh ud garān-gandīh ud garān-vināhīh ud āzār ī hamāg mēnōyīg ud gaēiθiiºīg nēkīh kūn-marz .·.

Le neuvième chapitre (du Stutºgarº Nask, intitulé d'après la Hāti) Yaθāišiθā[731], traite de la nature des Daiva, de la perte du Hvarnah, de la pleine crasse, de la forte puanteur, du grave crime et du tourment que[732] constitue la sodomisation de toutes les beautés abstraites et matérielles[733].

V[734] *gl'n vn's*[735] *vc'ltkyh V*[736] *LBA krpk|*[737] *hvyšynyt'lyh ×OLE*[738] *Y hncyt'l ×Y*[739] *škpt| vn'syh ×V*[740] *OLE Y*[741] *šn'dynyt'l*[742] *Y ZK Y*[743] *vn'sk'l .·.*

---

[722] MR om.

[723] *zt|* K43b, Md.

[724] MR om.

[725] *pv* Sj.

[726] *lymn|yh* MR, Md, Sj.

[727] MR om.

[728] K43b, MR, Md, Sj om., mais, en note, Sj suggère <ō> ou <ī>.

[729] *sthyk Y* K43b, Md.

[730] *nyvkyh Y* K43b, Md, Sj.

[731] Y 33.

[732] La traduction que je donne reproduit l'ambiguïté du texte pehlevi où l'antécédent de ī peut n'être que āzār ou au contraire être constitué de tous les termes de l'énumération que gouverne abar.

[733] Allusion à l'existence de Daiva Mānyava et Gaiθiya ?

[734] MR om.

[735] *vn'syh* MR, Md, Sj.

[736] MR om.

[737] MR donne *krpk| LBA* au lieu de *LBA krpk|*.

[738] *Y OLE.*

[739] *V.*

[740] *Y.*

[741] Md om.

ud garān vināh vizārdagīh ud vuzurg kirbag xvēšēnīdārīh [744]{ōy ī hanjīdār ī škeft-vināhīh ud ōy ī šnāyēnīdār ī ān ī vināhgār} .·.

(Il traite aussi) de la nécessité que soit expié le grave crime {qu'est celui du pollueur coupable de méfaits extrêmes} et de l'acquisition du grand mérite {qu'est celui du nettoyeur de ce qu'a commis le criminel}.

Les sept méfaits dont la première liste fait état sont ainsi les suivants :

1	daivisme
2	perte de Hvarnah
3	crasse
4	puanteur
5	crime grave
6-7	sodomisation des beautés abstraites et matérielles

Afin de donner la mesure de la méchanceté d'Ahra Manyu (Dk 9.9.3.1), la seconde liste énumère sept personnages qui tous sont des démons terrestres. Le premier, Aji Dāhaka (Dk 9.9.3.2), est le feu rituel que la mauvaise obédience entretient et que le Yt 19.46-50 oppose à Ātr[745]. La mauvaise obédience à laquelle sert le mauvais feu rituel est ici évoquée

---

742 *šn'dynyt'lg* K43b.

743 Sj om.

744 En faisant de garān vināh le complément de vizārdagīh et de vuzurg kirbag celui de xvēšēnīdārīh, nous obtenons deux syntagmes contrastés et devons dès lors considérer que, pour être rassemblés au terme du paragraphe, les deux ensembles en ōy ī doivent en donner les commentaires respectifs : «et (ce chapitre traite de) l'expiation du crime grave {c'est-à-dire celle du pollueur coupable de méfaits extrêmes} et (de) l'acquisition de mérites {c'est-à-dire celle du nettoyeur de ce qui est du criminel}».

745 Faut-il, au vu de la sodomie dont il est ici traité au terme des deux listes, noter que, dans le Kayān Yašt (Yt 19.50), le feu avait cherché à calciner ou à cautériser l'anus d'Aji Dāhaka?

par la sorcellerie qui va de pair avec le culte des génies malfaisants (yātu-). Aji Dāhaka est ainsi une figure de la première fonction dumézilienne :

MN[746] *7 PVN*[747] *SLYA QDM*[748] *SLYtlyh h'vnd gnn'k*[749] *mynvd 'všmvlyt|* .·.[750]

az haft pad-vad abar-vattarīh hāvand gannāg mēnōy ōšmurēd[751]

(lorsqu'il est dit ceci :) «Parmi les sept méchants, considérez qu'Ahra Manyu est aussi mauvais

cygvn 'c| Y dh'k|[752] *PVN y'tvkyh* .·.[753]

ciyōn až° ī dahāk° pad jādūgīh .·.

qu'Aji Dāhaka pour ce qui est de la sorcellerie,

Le Dk 9.9.3.3 donne à l'action néfaste d'Aji Srūbara[754] que le Yt 19.40 présente comme un dévoreur d'hommes et de chevaux le nom d'«oppression» (phl. stahmagīh) que la ZA 27.7 (stahm) réserve à celle du démon Sarva. En termes duméziliens, Aji Srūbara peut donc être vu comme un démon de la deuxième fonction :

V 'c| Y[755] *slvbl*[756] *PVN sthmkyh* .·.[757]

---

[746] K43b om.

[747] *Y PVN.*

[748] *Y QDM.*

[749] *gn'k* K43b, Md.

[750] MR, Md, Sj om.

[751] Comme il est malaisé d'admettre une 3e sg. qui ne soit passive, j'ai opté pour la 2e plur. de l'impératif, mais la question se repose sans solution avec *YMRRVNyt|*.

[752] *dh'k* K43b.

[753] Sj om.

[754] Sur ce démon (av. *sruuara-*), voir Williams 1990 : II 165 n° 39 ; Humbach & Ichaporia 1998 : 116 sqq. ; Pirart 2004 : 69, 120, 343. L'étymologie et le sens premier de son nom ne sont pas pleinement assurés.

[755] MR répète les mots *'c| Y.*

[756] *slvbvl* K43b, Md.

ud až° ī sruuar° pad stahmagīh .·.

qu'Aji Srūbara pour ce qui est de l'oppression,

Comme elle est connue pour être la mère d'Aji Dāhaka, il est attendu que Vadagā, le troisième personnage, soit accusée ici d'avoir mis au monde d'ignobles rejetons (Dk 9.9.3.4). Elle est ainsi à mettre en regard de l'entité féminine qui, chez Dumézil, referme le tableau des trois fonctions divines du *Veda* ou du Mitanni, *Vāc* ou *Sarasvatī*, mais aussi de celle qui se situe au centre de la liste canonique des Amr̥ta Spanta, la déesse Spantā Aramati :

V[758] *vtk| PVN SLYA hvnvškyh* .·.[759]

ud vadaγ° pad vad-hunušagīh .·.

que Vadagā pour ce qui est de la mauvaise engeance,

Le quatrième personnage, un touranien dans le Livre des Rois[760], est, sait-on par plusieurs livres pehlevis, le meurtrier de Zaraduštra, ce qui correspond parfaitement à l'action néfaste que le Dk 9.9.3.5 reproche à ce personnage : le meurtre des pieuses gens, mais son épithète de **brātarō.raēšah-*[761] «fratri-

---

757 MR, Sj om.

758 MR om.

759 Sj om.

760 Mohl 1838-1878 : IV 455.

761 D'une graphie souvent déficiente, cette épithète lui sert de nom : voir notamment Dk 5.3.2 (Amouzgar & Tafazzoli 2000 : 31, 113), 7.3.20,24,32 (Molé 1967 : 33, 35), 8.35.13 (West 1882-1897 : IV 111), VZ 9.2-3 et 10.20 (Gignoux & Tafazzoli 1993 : 65, 67, 69), ZVY 3.3 (Cereti 1995 : 150, 179). Le caractère monstrueux de la morphologie du mot composé avestique que le texte reproduit en caractères pehlevis dont le premier terme est le nominatif pluriel de *brātar-* «frère» est sans doute dû à une habitude diascévastique avestique.

cide» laisse perplexe qui, pour les mythes que nous connaissions, convient mieux à Tura Frahrasyān[762] qu'à lui :

V[763] *tvl Y* ˣ*bl'tlvklyš*[764] *PVN 'hlvb|knyh*[765] ∴[766]
ud tur° ī ˣbrātarō.raēš° pad ašauuaγn°īh ∴
que Tura *Brātarō.raēšah* pour ce qui est du meurtre de ṛtavan,

Le cinquième personnage, Ṛtamauga «qui fausse l'harmonie», personnification du renégat, est stigmatisé pour la gravité d'un crime qui, pourtant, n'est pas spécifié (Dk 9.9.3.6). Cependant, le parallèle qu'offre le Dk 8.35.13, analysé ci-dessous, propose *dlvcnyh* draojin°īh «statut de Draujana, tromperie, dérive» :

V[767] *'hlmvk*[768] *PVN gl'n vn'syh*[769] ∴[770]
ud ašəmaoγ° pad garān-vināhīh ∴
que Ṛtamauga pour ce qui est de la gravité des crimes

Les deux derniers (Dk 9.9.3.7), le clou de l'énumération, sont des jumeaux : le sodomite passif et le sodomite actif, tout aussi condamnables l'un que l'autre. Ces deux dernières entrées rappellent les deux dernières de la première liste alors que les autres n'y trouvent guère d'échos :

---

762 Sur Tura Frahrasyān assassin fratricide d'Agrairaθa, voir Humbach & Ichaporia 1998 : 135 sqq., 154.

763 Sj om.

764 *bl'tlvhš*.

765 *'hlvb|kyh* MR ; *'hlvb|k|nyh* K43b, *'hlvb||k|nyh* Md.

766 MR, Sj om.

767 K43b om.

768 K43b *'hlymn|* inversé ; *'hlmn* MR ; *'hlmn|* Md.

769 *vn's* K43b.

770 Sj om.

V 'yvk| <'yvk|> vyptk| V vypynytk|[771] *PVN gl'n vn'syh [YMRRVNyt|*[772]] .·.

ud ˣēk-ēk viftag ud vēbēnīdag[773] pad garān-vināhīh [gōvēd] .·.

et que les sodomites actif et passif[774] l'un comme l'autre pour ce qui est de la gravité des crimes !».

Comme le nombre sept n'est pas anodin, qu'il est spécifié (haft pad-vad) et qu'il caractérise les deux listes, nous sommes assez assurés de la volonté que l'auteur de ce chapitre du Stut°gar° Nask a eue de dresser le tableau exhaustif et structuré d'une catégorie démoniaque.

D'autre part, le caractère bipolaire que montrent les entrées qui clôturent les deux listes et la communauté de leur motif — la sodomie — m'invitent à y reconnaître quelque hypostase négative des *Nāsatya*. Les bipolarités abstrait ↔ matériel ou actif ↔ passif peuvent rappeler celle du ciel et de la terre chez les *Aśvin*.

Si la deuxième fonction, représentée par deux personnages violents, entoure curieusement l'entité féminine, il en va de même de la première (Aji Dāhaka ... Ṛtamauga), mais la troisième se trouve quant à elle bien à la place où nous l'attendions.

Le schéma fonctionnel de la liste est donc le suivant sans pour autant vouloir donner chaque fois de sens précis aux indices a et b, car Ia et Ib me paraissent aussi varuṇiens l'un que l'autre ou IIa et IIb, aussi violents l'un que l'autre :

771 *vyptynytk|* K43b, Md, Sj.

772 *YMRRVNyt* MR.

773 Cf. Bartholomae 1909 : col. 1323.

774 Ou passif et actif ?

	Ahra Manyu	méchanceté générale
Ia	Aji Dāhaka	sorcellerie
IIa	Aji Srūbara	oppression
F	Vadagā	mauvaise engeance
IIb[775]	Tura *Brātarō.raēšah*	meurtre de ṛtavan
Ib	Ṛtamauga	ˣtromperie
IIIa et IIIb	sodomites passif et actif	crime grave

L'une des parties dont se composait le Huspāram Nask, l'un des livres légaux ou juridiques de l'Avesta sassanide, celle qui traitait de l'engendrement de fils, au vu de la division en paragraphes qu'adopte West[776] pour la description qu'en donne le Dk, comptait quinze chapitres. Les trois derniers y étaient marginaux pour concerner respectivement l'homosexualité ou sodomie (Dk 8.35.13), la polyandrie (Dk 8.35.14) et le gain de vigueur que la femme retire de l'acte sexuel et qui correspond à un affaiblissement de celle de son partenaire (Dk 8.35.15). Le contenu du 13e chapitre de cette partie du Huspāram Nask, si nous en croyons le Dk 8.35.13, présentait d'indéniables similitudes avec celui du neuvième chapitre du Stut°gar° Nask :

[775] Quoique plusieurs textes le présentent comme un prêtre de type réprouvé appelé kṛpan.

[776] 1880-1897 : IV 109 sqq.

[777]*QDM 'p'lvn| k'mkyh Y vyptk V vypynytk|*

abar abārōn-kāmagīh ī viftag ud vēbēnīdag

(Ce chapitre) traite du désir que montrent contre nature les sodomites actif et passif[778],

APš'n sthmk vln|yh V †dl'g'lyh V zt|GDE<yh V> pvtk|<yh> V lymn| tn|<yh> ×ms Y×[779] *PVNš'n HYA zt'lyh Y MNDOM'n Y HZYTV<N>d V 'c'l KRA msyh 'lc'nyk mlgyh vyl'dt|*

u-šān stahmag-varanīh ud †darāg-gārīh ud zad-xvarrah<īh ud> pūdag<īh> ud rēman-tan<īh> ×meh ī× pad-išān gyān-zadārīh ī tisān ī vēne<n>d ud a-cār harv mehīh arzānīg margīh virāyed

de ce que leurs violentes envies, l'abomination de leur acte[780], leur perte de hvarnah, leur corruption et la saleté de leur tanū[781] sont si graves par le meurtre de vies dont ils se rendent coupables sur tout ce qu'ils voient que cela entraîne inévitablement pour eux une destruction méritée,

<V> ×ms[782] *Y PVN vn'sk'lyh cygvn 'c| Y dh'k| PVN sthmkyh V <'c| Y> slvbl[dz] PVN y'tvkyh V <vtk| PVN ...V> tvl Y bl'tlv<k>lyš <Y> klpn PVN 'hlvb|k<n>yh <V> plypt'l 'hlmvk| PVN dlvcnyh*

<ud> ×meh ī pad vināhgārīh ciyōn až° ī dahāk° pad stahmagīh ud <až° ī> sruuar° [*dz*] pad jādūgīh ud <vadaγ° pad ... ud> tur° ī brātarō.raēš° <ī> karapan° pad ašauuaγ<n>°īh <ud> frēftār ašəmaoγ° pad draojin°īh

<et> que (de tels méfaits sont) aussi graves en criminalité que (les méfaits dont sont coupables) Aji Dāhaka par l'oppression, Aji Srūbara par la sorcellerie, <Vadagā par ...>, le kr̥pan Tura *Brātarō.raēšah* par le

[777] Comme c'est le seul ms. à en donner le texte et que Md s'avère être moins bon, les corrections sont opérées par rapport à MR.

[778] Ou passif et actif ?

[779] MR *mš*.

[780] D'après West 1880-1897 : IV 111 «heinous practice».

[781] Cette énumération rappelle celle du Dk 9.9.1.

[782] MR *mš*.

meurtre de r̥tavan et le trompeur R̥tamauga par les dérives.

Le texte du Dk 8.35.13[783] qui, en raison d'une lacune du ms. B[784], ne nous est accessible que par la copie de Meherji Rana[785], est visiblement corrompu : plusieurs finales °īh ont été gommées et, dans l'énumération des personnages négatifs qui clôt le paragraphe, les démons Aji Dāhaka et Aji Srūbara se sont vu échanger leurs méchancetés (pad stahmagīh ... pad jādūgīh au lieu de pad jādūgīh ... pad stahmagīh) et le second a perdu son titre de «serpent» (<*'c*| *Y*>) tandis que la mention de Vadagā pourrait être à restituer. Dès lors, la différence qui soit à retenir concerne la place réservée à la sodomie qui, dans le Dk 9.9.3, venait refermer une liste de sept termes dressée pour permettre l'évaluation de la méchanceté d'Ahra Manyu alors que le Dk 8.35.13 fait de l'énumération des autres entrées des termes de comparaison dans sa volonté de stigmatiser les deux sodomites. La raison de cette différence est bien évidemment due au propos de ce chapitre juridique. Pour sa part, le passage du Stut°gar° Nask, en spécifiant que le nombre des entrées est de sept, avait dû vouloir reproduire un vieux schéma.

---

783 Md à partir de la ligne 16 de la p. 747. Je n'ai pu consulter Sanjana 1874-1928 : XVI.

784 Voir Dresden 1966 : 37 n. 14.

785 Où il commence à la première ligne de la p. 109 (Dresden 1966 : 91) si ce n'est *QDM* qui figure au terme de la p. 108.

INDICES

Index locorum

Index des dieux iraniens

Index des démons iraniens

Index des dieux indiens

Index des démons indiens

640237 - Février 2016
Achevé d'imprimer par